主イエスは近い

クリスマスを迎える黙想と祈り

小泉 健
Ken Koizumi

日本キリスト教団出版局

待降節の祈りへの招き

　キリスト降誕祭（クリスマス）は教会の一年の中でももっとも喜ばしい時ではないでしょうか。この時期にわたしたちはたくさんの特別な礼拝や集会を持ちます。また、この季節を大切な伝道の機会として活かそうとします。そのために多くの準備をします。

　待降節になる前に、教会がクリスマスの装いになるように準備をします。クリスマスツリーを立てて飾りつけをします。クリスマスリースをかけ、アドヴェントクランツを用意します。光る星（ヘルンフートの星）を飾る教会もあります。主イエスがお生まれになった家畜小屋を模した模型を据え付ける教会もあります。電飾を用いるかもしれません。

　クリスマスの装いのもと、教会学校でも、婦人会・壮年会・青年会などでも、それぞれの場所でクリスマスの集会を企画します。待降節の間、毎週のようにクリスマスの集会が行われることさえあるかもしれません。

　「今、待降節の期間を過ごしている」ということは、ですからはっきりと意識されてはいます。キリスト者にとってもっとも忙しく、あわただしい期間でさえあるかもしれません。なすべき仕事がたくさんあります。それに追われている

うちに、待降節は過ぎていきます。自分自身が一人の信仰者としてこの時を味わい、この時を受け止めることは、できないままになってしまうこともしばしばです。

「待降節」はキリスト降誕祭に向けて準備をする日々のことです。待降節の期間は初めのうちは定まっていなかったようで、待降節の主日が四回、五回、さらには六回と持たれました。11 月 11 日から 1 月 6 日までの八週間を断食の期間とする習慣もありました。しかし時を経て、待降節の主日を四回守るようになりました。

「待降節」を英語で「アドヴェント Advent」と言います。ラテン語の「アドヴェントゥス adventus」に由来します。「到来」という意味です。この名称にも表れているように、待降節はキリストの到来を覚える時です。

その際、「到来」には二重の意味があります。「到来」とはまず、神の御子がクリスマスに人となり、わたしたちのところに来てくださったことです。キリストのこの第一の到来を祝うのがキリスト降誕祭です。待降節はキリストの第一の到来を想い起こしながら、降誕祭の準備をする時だということになります。

それと同時に「到来」とは、神の御子が終末において再び来てくださることでもあります。待降節はキリストの第二の到来を待望し、近づいてきてくださるキリストにお会いするために備えをする時でもあります。

キリストの「第二の到来 the Second Advent」のことを、

ふつうは「再臨」と言います。本書では「再臨」という言葉を用いずに、「第二の到来」と言い表しました。それは、キリストの二度の到来を重ね合わせて覚えたいからです。キリストの第一の到来を言うために、「再臨」に対応する言葉があればいいのですが（「初臨」でしょうか）、それがないので、「第一の到来／第二の到来」という言い方にしました。

待降節はキリストの到来へと特別に心を向ける時です。キリストはすでに到来してくださり、やがて再び到来してくださいます。わたしたちは、キリストがまだ一度も到来しておられないかのように、御子の降誕を待ち望むのではありません。わたしたちはまた、キリストが再臨なさらないかのように、本当の意味では待ち望むことをやめてしまうのでもありません。第一の到来を想い起こしながら、第二の到来を待望します。第一の到来があるので、わたしたちはすでに知っているお方を親しく待ち望むことができます。

待降節をキリストの到来へと心を向ける時として過ごしましょう。キリストの第一の到来を想い起こして感謝の祈りを献げ、第二の到来を思い、キリストが世を裁くために来られることを思って悔い改めの祈りを献げましょう。教会の礼拝においてはこの季節にキリストの再臨を強く覚えることは困難ですから、なおのこと個人の祈りの生活の中では、キリストの再臨を待ち望む祈りを篤くしましょう。

待降節は祈りの時、悔い改めの時です。聖書の御言葉に導かれ、信仰の先達たちの祈りに支えられて、代々の聖徒たち

待降節の祈りへの招き　5

の祈りに加わりましょう。この小さな書物が待降節の祈りの
助けとなることを願っています。

本書の構成

　見開きが一日分です。左ページに御言葉と黙想、右ページ
に信仰の先達の祈りが記されています。聖書の御言葉を読み、
思いめぐらします。黙想の言葉もその際の助けにしてくださ
い。信仰の先達の祈りは、そのまま自分の祈りとして祈って
もいいですし、かたわらで一緒に祈っている信仰の友の祈り
を聞くようにして読んでくださってもかまいません。聖書の
御言葉に応答して祈りを献げます。

　待降節は必ず日曜日（第1主日）から始まります。ですか
ら、毎年日付が変わります（下表を参照）。それに対して、キ

	待降節第1	待降節第2	待降節第3	待降節第4	降誕節第1	降誕節第2
2019	12月1日	12月8日	12月15日	12月22日	12月29日	1月5日
2020	11月29日	12月6日	12月13日	12月20日	12月27日	1月3日
2021	11月28日	12月5日	12月12日	12月19日	12月26日	1月2日
2022	11月27日	12月4日	12月11日	12月18日	12月25日	1月1日
2023	12月3日	12月10日	12月17日	12月24日	12月31日	
2024	12月1日	12月8日	12月15日	12月22日	12月29日	1月5日
2025	11月30日	12月7日	12月14日	12月21日	12月28日	1月4日
2026	11月29日	12月6日	12月13日	12月20日	12月27日	1月3日
2027	11月28日	12月5日	12月12日	12月19日	12月26日	1月2日
2028	12月3日	12月10日	12月17日	12月24日	12月31日	
2029	12月2日	12月9日	12月16日	12月23日	12月30日	1月6日
2030	12月1日	12月8日	12月15日	12月22日	12月29日	1月5日

リスト降誕祭は12月25日と決まっています。そのため、待降節第4週は長い年（第4主日が12月18日の年）は丸一週間ありますが、短い年（第4主日が24日の年）は日曜日一日しかありません。

　それを踏まえて本書は二部構成になっています。まず第一部には、待降節第1主日から待降節第3週の金曜日までの御言葉・黙想・祈りがあります。右上にはその週のテーマを記しています。12月16日までこの第一部を用いてください（ただし、待降節第3主日が17日の場合は、17日まで第一部を用いてください）。

　12月17日以降は第二部に切り替えてください。12月17日から24日までの降誕祭直前の一週間は「ハイ・アドヴェント」として覚えられてきました。この伝統に従って、12月17日以降は日付がついています。また公現日（1月6日）までの間に二回もしくは三回の日曜日（待降節第4、降誕節第1、2）があります。その日には、日付がついたページではなく、第二部の最後にまとめてある主日のページを用いてください。

　聖書の引用は、基本的に『聖書　新共同訳』（日本聖書協会）に準拠しています。

待降節の祈りへの招き　7

目　次

3　待降節の祈りへの招き

第1部

12　待降節第 1 主日（日）　週のテーマ：**到来する主**

14　待降節第 1 週　月曜日

16　待降節第 1 週　火曜日

18　待降節第 1 週　水曜日

20　待降節第 1 週　木曜日

22　待降節第 1 週　金曜日

24　待降節第 1 週　土曜日

26　待降節第 2 主日（日）　週のテーマ：**到来する救い主**

28　待降節第 2 週　月曜日

30　待降節第 2 週　火曜日

32　待降節第 2 週　水曜日

34　待降節第 2 週　木曜日

36　待降節第 2 週　金曜日

38　待降節第 2 週　土曜日

40 待降節第 3 主日（日）　週のテーマ: **主のために道を備える者**

42 待降節第 3 週　月曜日

44 待降節第 3 週　火曜日

46 待降節第 3 週　水曜日

48 待降節第 3 週　木曜日

50 待降節第 3 週　金曜日

第 2 部

54 12 月 17 日

56 12 月 18 日

58 12 月 19 日

60 12 月 20 日

62 12 月 21 日

64 12 月 22 日

66 12 月 23 日

68 12 月 24 日　夕べ

70 12 月 24 日　夜

72 12 月 25 日　夜明け

74 12 月 25 日　降誕祭

76 12 月 26 日

78 12 月 27 日

80 12 月 28 日

82 12 月 29 日

84 12 月 30 日

86 12 月 31 日

88 1 月 1 日　主イエスの命名の日　朝

90 1 月 1 日　夕

92 1 月 2 日

94 1 月 3 日

96 1 月 4 日

98 1 月 5 日

100 1 月 6 日　公現日

102 待降節　第 4 主日　週のテーマ：近づく喜び

104 降誕節　第 1 主日　週のテーマ：シメオンとアンナ

106 降誕節　第 2 主日　週のテーマ：神の子

108 待降節から公現日までの過ごし方

116 参考文献

117 あとがき

装丁　松本七重

第 1 部

待降節第 1 主日〜

待降節第 3 週 金曜日

待降節　第 1 主日

ゼカリヤ書 9 章 9–12 節
ローマの信徒への手紙 13 章 8–14 節
マタイによる福音書 21 章 1–9 節

見よ、あなたの王が来る。
彼は神に従い、勝利を与えられた者

(ゼカリヤ書 9 章 9 節)

　主イエスは平和の王としてろばに乗り、あなたのもとに来られます。まっすぐに来られます。

　主イエスはかつてエルサレムに、神の都に入城されました。主イエスは今、あなたの魂をご自分の神殿とするために近づいてこられます。

　夜明けが近づいています。

　どのようにして主イエスをお迎えしたらいいのでしょう。

　「主イエス・キリストを身にまといなさい」(ローマ 13:14)。

　到来しつつある主は、今ここにいてくださいます。

　武具を身に着ける時のように、手にも足にも、まなざしにも唇にも、頭の考えにも心の思いにも、一つ一つの場所で主イエスを身にまといます。

到来する主

主よ

わたしの内にまことの信仰を増やしてください。

そうすれば、良いわざに頼り

　　惑わされることはなくなります。

光があるところでは

輝きはひとりでにあふれるのです。

あなたはわたしの神、わたしの主です。

わたしをあなたの家として、とどまってください。

（ゴットヒルフ・アウグスト・フランケ　1696–1769）

あなたに似た目をわたしたちにお与えください。

あなたに似た耳を。

あなたに似た心を。

主よ、わたしたちを誠実にし

あなたの御国へと新しく生まれさせてください。

そうです。わたしたちをキリスト者にしてください。

世の光であるキリスト者に。

地の塩であるキリスト者に。

アーメン、主よ、あなたに喜んでいただける者に。

（ヒエロニュムス・アンノーニ　1697–1770）

待降節　第 1 週　月曜日

> ペトロの手紙一 1 章 8–13 節
> ハバクク書 2 章 1–4 節

いつでも心を引き締め、身を慎んで、イエス・キリスト
が現れるときに与えられる恵みを、ひたすら待ち望みな
さい。(ペトロの手紙一 1 章 13 節)

　わたしたちは終わりに向かって生きています。そして終わ
りに、イエス・キリストが現れてくださいます。わたしたち
は主イエスの到来に向かって生きています。

　今わたしたちははっきりと知り、しっかりとわきまえたい
と思います。わたしたちの命についてです。飲食がわたした
ちを生かすのではないし、安全や生きがいや友達づきあいも
わたしたちを生かさない。絶望してうずくまる時も、うろた
えて逃げまどう時も、どんな時でも読み取れるように、預言
者が黒々と記して掲げた言葉があります。

　「神に従う人は信仰によって生きる」(ハバクク書 2:4)。

　神の言葉がわたしたちを生かします。御言葉に聞き、祈り
と賛美で応える神との交わりがわたしたちを生かします。わ
たしたちを神のものとしてくださる主イエスへの信仰がわた
したちを生かします。

　その主イエスが、終わりに現れてくださいます。

到来する主

主よ

わたしは健康も病気も願いません。

命を願うことも、死を願うこともしません。

わたしが願うのは

わたしの健康とわたしの死を

あなたの栄光とわたしの救いのために

あなたが用いてくださることです。

何がわたしに役立つのかは

あなただけが知っておられます。

あなただけが主です。

御心のままになさってください。

（ブレーズ・パスカル　1623–1662）

新しい一日が明けそめるとき

朝日の最初の輝きを喜びます。

キリストよ、その光はあなたの到来を思わせます。

あなたの光がわたしたちのすべての闇に

　　打ち勝ってくださったことを感謝します。

あなたがこの世にいてくださるという秘義を

　　わたしたちが分かち合うことができますように。

そして、どのような日にも

　　あなたのために生きる者であらせてください。

（作者不明）

待降節　第1週　火曜日

　　　ヘブライ人への手紙 10 章 32–39 節
　　　ミカ書 2 章 1–5 節、12–13 節

　　　自分の確信を捨ててはいけません。この確信には大きな
　　報いがあります。神の御心を行って約束されたものを受
　　けるためには、忍耐が必要なのです。

　　　　　　　　　　　　　（ヘブライ人への手紙 10 章 35–36 節）

　「確信」と訳された元の言葉は「パッレーシア」という語
です。どんなことでも言える自由。語る時の大胆さ、率直さ
です。使徒たちは「思い切って大胆に（あらゆるパッレーシ
アをもって）御言葉を語ることができるように」と祈りまし
た（使徒 4:29）。ヘブライ人への手紙においては、神に近づ
くことのできる大胆さでもあります（4:16; 10:19）。
　心の中で固く信じているというだけではないのです。顔を
上げて、はばかることなく神の御前に進んでいくことができ
ます。人の前に立つこともできます。この言葉が「命を確
保する」（ヘブライ 10:39）ためにどうしても必要な言葉だと
知っているから、だれに対しても思い切って大胆に語ります。
忍耐して語り続けます。主イエスが現れてくださる時まで。

到来する主

神よ

わたしたちが死へと堕落したとき

あなたはわたしたちに目を留めてくださり

あなたの独り子のアドヴェント（到来）によって

わたしたちを贖おうと決意してくださいました。

わたしたちはあなたに願います。

御子の輝かしい受肉を告白する者たちが

彼らの贖い主との交わりをも許されますように。

（アンブロシウス　339–397）

主よ

あなたに背を向けることは倒れることです。

あなたへと向き直ることは復活することです。

あなたの内に生きるとき、とこしえに立つことができます。

どのような課題においても、あなたの助けを

どのような不確かさにおいても、あなたの導きを

どのような危険に際しても、あなたの守りを

そしてどのような苦しみにあっても、あなたの平和を

わたしたちにお与えください。

（アウグスティーヌス　354–430）

待降節　第 1 週　水曜日

コロサイの信徒への手紙 1 章 9–14 節

サムエル記下 23 章 1–7 節

御父は、わたしたちを闇の力から救い出して、その愛する御子の支配下に移してくださいました。わたしたちは、この御子によって、贖い、すなわち罪の赦しを得ているのです。（コロサイの信徒への手紙 1 章 13–14 節）

わたしたちはすでに死から命へと移っています（ヨハネ 5:24）。罪と死の国から主イエスの国に移されています。わたしたちはここで感謝しつつ、神の御心を追い求めます。このことについても、神のご意志があるかもしれない。あのことについては、もっと神に喜んでいただきたい。

神のもとで生きるとき、あらゆる行いを通して、神をますます深く知ることになります。あらゆる祈りを通して、主イエスにますます似せられていくことになります。

わたしたちをご自分の国に入れ、わたしたちを治めてくださる主イエスは「太陽の輝き出る朝の光」です（サムエル記下 23:4）。この方の光はすでにわたしたちを照らしていますが、やがて真の朝が来ます。そのときには、もはや夜はなく、太陽も要らなくなります。主が照らしてくださるからです（黙示録 22:5）。

到来する主

主イエス・キリストよ
あなたの聖なる受肉の深い秘義を
理解するに足る者としてください。
あなたはわたしたちのために
そしてわたしたちの救いのために
人となられました。
ほんとうに、これよりも偉大ですばらしいことはありません。
あなたが、わたしの神が
すべてのものの造り主が被造物となり
それによってわたしたちが神のようにされるとは。
あなたはご自分を卑しくし
ご自分を小さくされ
それによってわたしたちは強くされました。
あなたは僕の形を取り
それによってあなたはわたしたちの上に
王的な、そして神的な美しさを与えてくださいました。

（フォリーニョのアンジェラ　1248 頃 –1309）

待降節　第 1 週　木曜日

テサロニケの信徒への手紙一 5 章 1–8 節
エレミヤ書 30 章 18–22 節

ひとりの指導者が彼らの間から
治める者が彼らの中から出る。
わたしが彼を近づけるので
彼はわたしのもとに来る。
彼のほか、誰が命をかけてわたしに近づくであろうか、
　　と主は言われる。（エレミヤ書 30 章 21 節）

　預言者エレミヤは涙を流しながらイスラエル王国の滅亡を
預言しました。避けがたい災いを語り続けながら、それで
もなお希望を語りました。新しい契約の希望です。「あなた
たちはわたしの民となり、わたしはあなたたちの神となる」
（エレミヤ書 30:22）というのは契約の定式です。神と民との
契約がもう一度結ばれるというのです。
　新しい契約が語られる 31 章に先立って、30 章で預言者は
新しい契約の担い手を語ります。ヤコブの子らのただ中から
出る指導者です。彼は命をかけて神に近づき、神と民との仲
保者となる。主イエスについての預言です。主イエスによっ
てわたしたちはすでに「光の子、昼の子」（Ⅰテサロニケ 5:5）
とされています。

20

到来する主

主イエス・キリストよ
あなたは、沈むことのない、まことの太陽です。
あなたが慰め深く来て、姿を現してくださることによって
すべてのものが元気づき、喜びで満たされます。
どうか、恵みと憐れみに満ちて
わたしたちの心の中で輝いてください。
あなたの義がわたしたちの生活を形作り
わたしたちが明るい昼間を歩むように生きられますように。

(デシデリウス・エラスムス　1469–1536)

義の太陽である主イエスよ
わたしたちの心に昇ってください。
あなたの到来の輝きでわたしたちを照らしてください。
それによって、わたしたちが
あなたのたしかな約束の言葉を喜び
あなたが栄光のうちに到来なさるときに
うろたえることがありませんように。

(Collects and Prayers　1935)

待降節　第 1 週　金曜日

　　　マタイによる福音書 27 章 27–31 節
　　　エゼキエル書 37 章 24–28 節

　　　イエスの着ている物をはぎ取り、赤い外套を着せ、茨で
　　　冠を編んで頭に載せ、また、右手に葦の棒を持たせて、
　　　その前にひざまずき、「ユダヤ人の王、万歳」と言って、
　　　侮辱した。(マタイによる福音書 27 章 28–29 節)

　主イエスは永遠の王であり、神とわたしたちとの間に永遠
の契約を結んでくださいました。主イエスのゆえに神は永遠
にわたしたちの真ん中に住んでくださいます。
　しかし、主イエスが王であると告げ知らせる板は十字架
の上に掲げられました。その冠は茨の冠であり、歓呼の声は
「十字架につけろ」との叫びであり、その玉座は十字架でした。
　主イエスが王であられることは、ここでは隠されています。
しかしわたしたちにとっては、主イエスが王であられること
は、ここでこそ現れています。わたしたちの王は十字架から
降りないでくださいました。わたしたちの王は甦られた後も
十字架の傷を身に帯びていてくださいました。
　わたしたちの王よ、あなたにふさわしい賛美を献げさせて
ください。

到来する主

世の罪を取り除くために来てくださった
神の小羊が
わたしたちから
すべての罪の汚れを取り除いてくださいますように。
アーメン。
失われた者を贖うために来てくださったお方が
再臨の時
ご自分が贖った者たちを
退けることがありませんように。
アーメン。
そうして
小羊が再び来られる時
わたしたちが信じてきたこのお方とともに
終わりのない喜びを得ることができますように。
アーメン。

(モサラベ典礼)

待降節　第 1 週　土曜日

マタイによる福音書 23 章 37–39 節

言っておくが、お前たちは、「主の名によって来られる
方に、祝福があるように」と言うときまで、今から後、
決してわたしを見ることがない。

(マタイによる福音書 23 章 39 節)

「主の名によって来られる方に、祝福があるように」とい
う言葉は詩編 118 編 26 節に由来します。詩編においては主
に感謝するために神殿にやってきたすべての人に向かって告
げられているようです。しかし、同じ詩編の 22、23 節とあ
わせて読むならば、人に退けられ捨てられたのに、神の家の
親石となった主イエスをたたえる言葉として響いてきます。

　主イエスは救いをもたらすために到来してくださったお方
です。主イエスは救いを完成するためにやがて到来してくだ
さるお方です。

　わたしを目指してきてくださるお方として主イエスを「見
る」ことができるようにしてください。そして主をほめたた
えさせてください。

24

到来する主

主イエス・キリストよ、あなたに感謝します。
あなたはあなたのアドヴェント（到来）をお守りくださり
わたしたちのところへ
このみじめさのただ中へ来てくださいました。

主イエスよ、お助けください。
あなたがわたしたちのところに来てくださり
わたしたちがあなたのところに行く時として
この時を過ごすことができますように。
それによって、あなたの慰めに満たされ
わたしたちがいつもあなたのもとに
とどまることができますように。
あなたは終わりには
あなたの最後のアドヴェントをお守りくださり
わたしたちをこのみじめさからあなたのもとへ
永遠の命へ引き上げてくださいます。

（マルティーン・モラー　1547–1606）

待降節　第2主日

イザヤ書 63 章 15 節 –64 章 3 節
ヤコブの手紙 5 章 7–8 節
ルカによる福音書 21 章 25–33 節

どうか、天を裂いて降ってください。
御前に山々が揺れ動くように。（イザヤ書 63 章 19 節）

　世の終わりに主イエスは再び到来されます。「大いなる力
と栄光を帯びて」来られます（ルカ 21:27）。それはわたした
ちの「解放の時」（28 節）、わたしたちが罪と死から解放さ
れる時、わたしたちの救いが完成する時です。神の熱情は救
いの御心であり、「わたしたちの贖い主」が神の御名であり
（イザヤ書 63:15, 16）、だから神の大いなる力は、わたしたち
救われがたい者を救う力としてふるわれます。
　主イエスの最初の到来によって、天はすでに裂けています
（マルコ 1:10）。わたしたちに必要なのは、神が天を裂いて到
来してくださることです。わたしたちは今も心を尽くして祈
ります。どうか、天を裂いて降ってください。

到来する救い主

主よ、あなたの力を奮い起こし
大いなる力をもってわたしたちのところに来てください。
わたしたちは自分の罪に妨げられていますから
あなたの豊かな恵みと憐れみによって
速やかにわたしたちを助け、お救いください。

（ゲラーシウス秘跡書）

主よ
日ごとにわたしたちを訪れ
わたしたちの良心をきよめてください。
そうして
あなたの御子、わたしたちの主が来られるとき
わたしたちの内に
主のために用意ができた家を見出しますように。

（ゲラーシウス秘跡書）

待降節　第2週　月曜日

　　ヘブライ人への手紙6章9–12節
　　イザヤ書25章1–10節

　　まことに、あなたは弱い者の砦
　　苦難に遭う貧しい者の砦
　　豪雨を逃れる避け所
　　　　暑さを避ける陰となられる。（イザヤ書25章4節）

　主イエスは神の国を盛大な宴会にたとえられました（ルカ
14:16–24）。そして、神の国での喜ばしい食卓を先取りする
主の食卓をこの地上に打ち立ててくださいました。主イエス
が到来されたのは、この食卓を備え、わたしたちを招くため
でした。

　預言者イザヤは終末における主の山での祝宴を見ています。
すべての民がそこに集められ、主の救いを祝って喜び躍りま
す。ここで主は「死を永久に滅ぼしてくださる」（イザヤ書
25:8）ことになります。

　わたしたちが主を「砦」と呼び、「避け所」と呼んでも、
そこで考える砦、避け所は貧しすぎるのです。それは天地の
破滅からも、永遠の死からもわたしたちを守る、堅い砦、た
しかな避け所です。

到来する救い主

キリストよ
見張りが朝を待つように
わたしたちの魂はあなたに憧れます。
夜明けとともに来てください。
パンが割かれることにおいて
ご自身をわたしたちに示してください。
あなたはとこしえにわたしたちの神です。

(モサラベ典礼)

主イエスよ
わたしたちが天のふるさとに憧れつつ
この道を歩むとき
わたしたちと共に歩んでください。
そうすれば、あなたの光に従って義の道を保つことができ
この世の夜の闇へと迷い込むことはありません。
道であり、真理であり、命であるあなたが
わたしたちのただ中で輝いていてくださる限り。

(モサラベ典礼)

待降節　第2週　火曜日

　　　ヨハネの黙示録 2 章 12–17 節
　　　イザヤ書 59 章 15 節後半 –20 節

　　　主は贖う者として、シオンに来られる。
　　　ヤコブのうちの罪を悔いる者のもとに来ると
　　　主は言われる。(イザヤ書 59 章 20 節)

　預言者たちは自分が生きた時代に対する神の御心を語りました。神に帰るようにと呼びかけ、そしてしばしば神に帰ろうとしない民に対して神の裁きを告げなければなりませんでした。神の裁きによる破滅が間近に迫っていることを語りつつ、預言者たちはさらにその先に、神の救いがあることをも語りました。

　裁きの先にある救いは、人間が神に立ち帰ることによる救いではありません。それでも立ち帰ることができない人間のために、神のほうが立ち帰ってくださることによる救いです。神ご自身が到来されます。恵みの御業を鎧としてまとい、救いを兜としてかぶり、報復を衣としてまとい、熱情を上着として身を包んで来られます (イザヤ書 59:17)。主イエスの最初の到来によって、このことはすでに実現しました。主イエスの第二の到来によってこのことは完成します。

30

到来する救い主

神よ

あなたの祝福された御子は

悪魔の働きを打ち破るお方としてあらわされました。

そしてわたしたちを神の子

永遠の命の相続者としてくださいます。

わたしたちは切に願います。

御子が聖であられるように

わたしたちが自らを聖とすることができますように。

そして、御子が力と大いなる栄光をもって再び現れるとき

御子の永遠の栄光に満ちた御国で

御子に似た者とされますように。

(The Book of Common Prayer　1662)

待降節　第2週　水曜日

　　ヨハネの黙示録2章1–7節
　　イザヤ書44章6–9節

　　わたしは初めであり、終わりである。
　　わたしをおいて神はない。(イザヤ書44章6節)

　「初め」も「終わり」もわたしたちの思いを超えた途方も
ないことです。わたしの命の初めにも、この世界の初めにも
神がいてくださいます。神の良い御心があります。わたしの
命の終わりにも、この世界の終わりにも神がいてください
ます。神による完成があります。わたしのわざが不十分でも、
わたし自身が貧しく愚かでも、わたしのすべては神の御手に
包まれています。
　「初めの愛」(黙示録2:4、聖書協会共同訳)とは、初めにい
てくださる神の愛です。神の愛に包まれているわたしたちの
愛です。わたしたちは何度でも初めの愛に立ち帰ったらいい
のです。神の愛は変わらないからです。わたしたちがどこま
で遠くさまよい出たとしても落ちてしまうことがないほどに、
神の愛はどこまでも広いからです。

到来する救い主

御父が御子を

言葉に言い表せない愛で愛しておられるように

御子はわたしたちを愛していてくださいます。

わたしたち罪人に

あなたはどんな良いものを見てくださるのですか。

わたしの弱さも、罪深い魂も

ただあなたの恵みによって命を得ているのに

あなたはその愛によって

良いものとみなしてくださいます。

主よ、あなたのみわざを完成させてください。

あなたがわたしを初めから愛していてくださったように

あなたを最後まで愛せるようにしてください。

(ジョン・ヘンリ・ニューマン 1801–1890)

待降節　第2週　木曜日

　　　コリントの信徒への手紙二 5 章 1–10 節
　　　エレミヤ書 31 章 1–7 節

　　　なぜなら、わたしたちは皆、キリストの裁きの座の前に
　　　立ち、善であれ悪であれ、めいめい体を住みかとしてい
　　　たときに行ったことに応じて、報いを受けねばならない
　　　からです。(コリントの信徒への手紙二 5 章 10 節)

　わたしたちはだれもが、キリストの裁きの座の前に立ち、
地上での行いのすべてについて報いを受けることになります。
ということは、わたしたちの地上での一歩一歩の歩みについ
て、主は計画を持っておられるし、期待をしておられるとい
うことです。祈りだけでなく、わたしたちのすべての言葉に
耳を傾け、さらにはわたしたちのすべての思いをも探り知っ
ていてくださるということです。
　主の正しい裁きがあることは、慰めです。わたしがしてき
た取り返しのつかない過ちに、主が最終的な結末をつけてく
ださるということですから。胸をかきむしりたくなる苦しみ
にも、言葉にならない叫びにも、主が答えてくださるという
ことですから。生ける神の手に落ちるのは、恐ろしいことで
す(ヘブライ 10:31)。しかしわたしたちを裁く方は、わたし
たちのために裁かれてくださったお方です。

34

到来する救い主

聖なる神よ。あなたはあなたの御子を、生きている者たちと
死んだ者たちとの裁き主としてお定めになり
すべてのものを御子の足台とされました。
あなたがお決めになった時に
わたしたちもまた御子の裁きの座の前に立ち
善であれ悪であれ、めいめい自分が行ったことに応じて
報いを受けなければなりません。

わたしたちの主の来るべき日に対する聖なる畏れを
わたしたちに呼び起こしてください。
わたしたちに贈られている猶予をなおざりにすることなく
わたしたちの救いに役立つことを
時に適って考えることができますように。
主イエスよ、わたしたちを完成してください。
やがてあなたの口から
恵みの言葉を聞くことができますように。
「あなたがた、わたしの父に祝福された者たちよ
ここに来なさい。
天地創造の前からあなたがたのために備えられていた御国を
受け継ぎなさい」と。

（ヨハネス・マテジウス　1504-1565）

待降節　第2週　金曜日

　　ルカによる福音書 22 章 66–71 節

　　ゼカリヤ書 2 章 14–17 節

　　すべて肉なる者よ、主の御前に黙せ。

　　主はその聖なる住まいから立ち上がられる。

　　　　　　　　　　　　　　　　　　　　　（ゼカリヤ書 2 章 17 節）

　主イエスは昇天されて、全能の神の右に座っておられます
（ルカ 22:69）。王として天地を支配し、預言者として御言葉
を全地に響かせ、そして祭司としてわたしたちのために執り
成していてくださいます（ローマ 8:34; ヘブライ 7:25）。わた
したちを完全に救うために、執り成し続けてくださったお方
が、聖なる住まいから立ち上がり、わたしたちのところに到
来されます。わたしたちは沈黙して、主がお語りくださる裁
きの言葉を聞き、主の御前にひれ伏します。

　主よ、あなたの執り成しの中に、身を投げ出させてくださ
い。わたしたちの願いがかなうことよりも、あなたの裁きが
貫かれることに、まことの幸いがあり、まことの救いがある
ことを、どうかほんとうにわからせてください。

到来する救い主

ダビデの子イエス、わたしを憐れんでください。
わたしの目を照らしてください。
あなたに至る道を見つけることができるように。
わたしの歩みを確かにしてください。
道をそれてしまうことがないように。
わたしの口を開いてください。
あなたについて語ることができるように。

（アルクイヌス　730/735–804）

主よ、あなたは予告されました。
だれも気づかない時に
裁くために再び来られると。
どうかわたしたちをお恵みください。
わたしたちがいつも目を覚まして
祈っていることができますように。
あなたが来られるのが夕べでも、真夜中でも
鶏が鳴く頃でも、朝でも
主のために目覚めていて祝福される
　　数え切れない僕たちの中に
あなたがわたしたちをも見つけ出してくださいますように。

（臣従宣誓拒否者の祈祷書　1734）

37

待降節　第2週　土曜日

テサロニケの信徒への手紙一 4 章 13–18 節

合図の号令がかかり、大天使の声が聞こえて、神のラッパが鳴り響くと、主御自身が天から降って来られます。

(テサロニケの信徒への手紙一 4 章 16 節)

　主イエスに出会うと、信仰と希望と愛を与えられます。わたしたちが今ここで信仰と愛によって生かされているのに対して、希望のことは忘れがちであるかもしれません。しかし主イエスを信じることは、主にある希望を持つことでもあります。主イエスが再び到来してくださるという希望です。主が呼び出してくださるので、眠りについていたとしても復活するという希望です。この罪の体が贖われて、神の子とされ、神の国を受け継ぎ、いつまでも神を礼拝しながら生きることになるという希望です。わたしたちはこのような希望によって救われています（ローマ 8:23, 24）。

　主イエスの到来を覚える時を過ごしています。主の到来を待ち望むときに、信仰が今のことだけでなく、将来へと広がり、希望が生まれてきます。ですから、主イエスの第一の到来だけでなく、第二の到来へと心を向けます。

到来する救い主

全能の神よ
あなたの御子イエス・キリストが
大いなるへりくだりのうちに
　　わたしたちを訪ねてきてくださった
この世の時間の中で
闇のわざを捨て去り
光の武具を身につけることができるように
わたしたちに恵みをお与えください。
そうして
主イエスが生きている者と死んだ者とを裁くために
栄光の輝きを帯びて再び来られる終わりの日に
わたしたちが永遠の命に甦ることができますように。
あなたと聖霊と共に生き、統べ治めておられるお方を通して
アーメン。

(The Book of Common Prayer　1662)

待降節　第3主日

イザヤ書 40 章 1–11 節
コリントの信徒への手紙一 4 章 1–5 節
マタイによる福音書 11 章 2–10 節

主のために、荒れ野に道を備え
わたしたちの神のために、荒れ地に広い道を通せ。
谷はすべて身を起こし、山と丘は身を低くせよ。
険しい道は平らに、狭い道は広い谷となれ。

(イザヤ書 40 章 3–4 節)

　洗礼者ヨハネは荒れ野で叫ぶ者の声でした。神が到来なさる準備をするために悔い改めの説教をしました。

　神の道を切り裂いている底知れぬ深い谷は、わたしの底知れぬ邪欲でしょう。神の到来を妨げようと高くそびえる山は、わたしの高慢と反逆でしょう。荒れ果てたわたしの魂が、神が到来してくださる広い道になるために、神の言葉がどうしても必要です。

　主イエスの第二の到来のために道を備える者。それは説教者たちです。説教者ばかりでなく、わたしたち一人一人も御言葉を語ることによって主の道を備えます。

主のために道を備える者

主イエス・キリストよ

あなたは最初の到来の時

あなたの道を備える使者を

あなたの前にお遣わしになりました。

あなたの秘義の奉仕者たちと僕たちが

同じように備えをし

あなたの道を用意することができますように。

不従順な者たちの心が変えられ

正しい者の知恵をもつに至りますように。

そうして

あなたが世を裁くために二度目に到来なさる時

わたしたちがあなたの目に受け入れられる民として

見出していただくことができますように。

（ジョン・カズン　1594-1672）

待降節　第3週　月曜日

マタイによる福音書3章1–6節
ホセア書14章2–10節

誓いの言葉を携え、主に立ち帰って言え。
「すべての悪を取り去り
恵みをお与えください。」（ホセア書14章3節）

　洗礼者ヨハネは主の到来に備えるために説教しました。
「悔い改めよ。天の国は近づいた」（マタイ3:2）。そして悔い
改めの洗礼を授けました。主の到来に備えるとは、到来して
くださる主のほうへと向きを変え、主に立ち帰り、主を信
じることです。神の愛がわたしたちを潤してくださいます。
「私はイスラエルにとって露のようになる」（ホセア書14:6、
聖書協会共同訳）と約束されています。

　受難節とともに待降節もまた悔い改めの時です。礼拝を始
めるとき、主の前に出るにあたって、まず悔い改めがなされ
るように、到来してくださる主をお迎えするにあたって、ま
ず必要なのは悔い改めだからです。わたしたちは主の恵み深
さを知っています。だからわたしたちの悔い改めは、喜ばし
い立ち帰りです。

主のために道を備える者

かつてわたしは思っていました。
まずわたしの嘆きのすべてをあなたに訴えることなしには
歌いながらあなたをほめたたえられるようになど、なれないと。
あなたを見て
今ではわたしはすっかり変わりました。
わたし自身の思いも存在もはるかに超えて
あなたはわたしを持ち運んできてくださったのですから。

（マクデブルクのメヒトヒルト　1209 頃–1280/94）

わたしの主、わたしの神よ
あなたに近づくことを妨げるすべてのものを
わたしから取り去ってください。
わたしの主、わたしの神よ
あなたに近づくことを助けるすべてのものを
わたしにお与えください。
わたしの主、わたしの神よ
わたしからわたしを取り去り
わたしを完全にあなたのものとしてください。

（フリューエのニーコラウス　1417–1487）

待降節　第3週　火曜日

　　　マタイによる福音書 3 章 7–12 節

　　　ゼファニヤ書 3 章 1–13 節

　　蝮の子らよ、差し迫った神の怒りを免れると、だれが教
　えたのか。悔い改めにふさわしい実を結べ。

　　　　　　　　　　　　（マタイによる福音書 3 章 7–8 節）

　悔い改めにふさわしい実を結ぶとは、神に立ち帰ることが
生きることの隅々にまで及んでいくということでしょう。神
からの光が心の中のもっとも暗い片隅にまで届くということ
でしょう。地上の生涯のすべての日々において神に帰り続け
るということでしょう。そしてわたしたちが生きることその
ものが神への賛美になってしまうということでしょう。

　預言者ゼファニヤは、悔い改めた者の特徴をその唇に見て
います。彼らは偽りを語らない（ゼファニヤ書 3:13）。むしろ
清い唇を与えられて、主の名を唱える（同 9 節）。悔い改め
にふさわしい実を結ぶとは、神を礼拝することです。神の御
名を告げ知らせることです。到来してくださるお方を待つと
は、その方をお迎えする準備をしながら、その時を先取りし
て、今すでにその方を喜び、御名をたたえることなのです。

44

主のために道を備える者

主イエスよ

あなたのわざを行うために、わたしの手をお献げします。

あなたの道を行くために、わたしの足をお献げします。

あなたがなさることを見るために、

わたしの目をお献げします。

あなたの御言葉を語るために、わたしの舌をお献げします。

あなたがわたしの中でお考えくださるように、

わたしの知性をお献げします。

あなたがわたしの中で祈ってくださるように、

わたしの霊をお献げします。

とりわけ、あなたがわたしの中で

御父とすべての人間を愛してくださるように、

わたしの心をお献げします。

あなたがわたしの中で成長してくださるように、

わたしの自己のすべてをお献げします。

そうすれば、わたしの中で生き、働き、祈ってくださるのは

主イエスよ、あなたなのです。

主よ、わたしの魂と体を、わたしの知性と思いを、わたしの

祈りと希望を、わたしの健康と仕事を、わたしの命と死を、

わたしの両親と家族を、わたしの友と隣人を、わたしの国と

すべての人を、あなたのご配慮にゆだねます。今日も、そし

ていつまでも。

(ランスロット・アンドルーズ　1555–1626)

待降節　第**3**週　水曜日

　　マタイによる福音書 21 章 28–32 節
　　イザヤ書 56 章 1–8 節

　　正義を守り、恵みの業を行え。
　　わたしの救いが実現し
　　わたしの恵みの業が現れるのは間近い。

（イザヤ書 56 章 1 節）

　主イエスがお語りになったたとえ話の中で、兄息子は父の
ぶどう園で働くことを拒みましたが、後で考え直して出かけ
たのでした。「後で考え直す」こと（マタイ 21:29, 32）。これ
が悔い改めです。わたしたちも、主が到来してくださったの
に、お迎えしませんでした。主が何度も呼んでくださったの
に、応えませんでした。主が御手を伸ばしてくださったのに、
別のものにすがりました。主イエスは十字架の道行きをお一
人で歩まれました。
　「後で」考え直す。わたしたちの悔い改めは、後からの悔
い改めです。遅ればせの悔い改めです。悔い改めたから救わ
れるのではないのです。神の民と呼ばれる資格のない者たち。
わたしたちも異邦人であり宦官なのに、一方的な恵みによっ
て救われました。救われた後で、わたしたちは遅まきながら
に主に立ち帰ります。

46

日本キリスト教団出版局

新刊案内

2019.10

親しみやすいマンガ調のイラストと表現方法で聖書の物語を描きおろす好評シリーズ。第2弾は、世界ではじめてのクリスマス!

聖書ものがたり クリスマス

金斗鉉（きむとうげん）／具本曙（ぐほんそ） 作

ローマ帝国とヘロデ大王の支配に苦しみ、救い主を待ちわびていたユダヤの民。ある日、エルサレム神殿やガリラヤのナザレ村で、不思議なことが起こり……。聖書全体のストーリーを見据え、綿密な考証を基に描く、世界ではじめてのクリスマスの出来事。

●A4判・上製・26頁・1,200円《10月刊》　**最新刊！**

〒169-0051 東京都新宿区西早稲田 2-3-18
TEL.03-3204-0422　FAX.03-3204-0457
振替 00180-0-145610　呈・図書目録
http : //bp-uccj.jp
（ホームページからのご注文も承っております）
E-mail　eigyou@bp.uccj.or.jp
【表示価格はすべて税別です】

主イエスは近い クリスマスを迎える黙想と祈り

小泉 健
1年でもっとも闇が深く、寒さが厳しい時に迎えるクリスマス。主を待ち望むこの日々を、御言葉に聴きつつ、祈りをもって過ごすための書。待降節第1主日から1月6日の公現日まで、毎日読める御言葉とショートメッセージ、信仰の先達たちによる祈りを掲載。

●四六判・並製・120頁・1,200円《10月刊》 **最新刊!**

【好評発売中】
『十字架への道 受難節の黙想と祈り』小泉 健　1,200円

神の祝福をあなたに。
歌舞伎町の裏からゴッドブレス!

関野和寛
著者が牧師を務める歌舞伎町裏にある教会には、詐欺師、ホステス、酔っ払いなど、様々な人が訪れる。そうした人々の本音を聞き、その誰にも平等に「神の祝福」を届けたエピソードを30本収録。月刊新聞『こころの友』好評連載を単行本化。プレゼントにも最適。

●四六判・並製・88頁・1,000円《10月刊》 **最新刊!**

【好評発売中】
『すべての壁をぶっ壊せ!─Rock'n牧師の丸ごと世界一周』関野和寛　1,000円

復讐の詩編をどう読むか

E.ツェンガー　佐久間 勤 訳
「詩編」を読む人が一度はつまずき、問いを覚える「敵への報復や復讐を願うことば」。詩編の歌い手が置かれていた時代や状況、テキストの分析を通して、著名な旧約聖書学者がそれらに挑む。礼拝や典礼においてこれらの詩編を実際に祈るための提案もなされる。

●A5判・上製・216頁・3,600円《9月刊》

詩編を読もう 下 ひとすじの心を

広田叔弘

詩編を読む「旅」のガイドブック。詩の中で嘆きが賛美に変えられていくのを読みながら、私たちもまた、嘆きの底から引き上げられていこう。下巻では詩編の後半（70編以降）から20編を取り上げて解説。詩編と新約聖書と現代世界を自由に往還しつつ、詩編を読む喜びに私たちを招く。
●四六判・並製・224頁・2,000円《8月刊》

詩編を読もう 上 嘆きは喜びの朝へ

広田叔弘

「嘆き」と「賛美」という相反する要素を含む詩編をどう読むのか。上巻では詩編の前半（69編まで）から精選した詩を取り上げ、キリストを証しする書として読み解く。各章末には祈りを掲載し、詩編に基づく祈りへと読者を促す。詩編のメッセージを汲み取るのは難しいと思う方にお勧めの書。
●四六判・並製・224頁・2,000円《7月刊》

遠藤周作と井上洋治
日本に根づくキリスト教を求めた同志

山根道公

1950年に運命的な出会いをしてから約50年にわたり、同じ目標に向かって歩み、互いの最もよき理解者であった、遠藤周作と井上洋治。遠藤研究の第一人者であり、井上神父の活動を支えた著者が、2人の言葉や歩みをたどりながら、その秘められた思いを描き出す。
●四六判・並製・216頁・2,000円《7月刊》
【好評発売中】
『井上洋治著作選集』全10巻＋別巻 山根道公 編・解題　各2,500円

11 月刊行予定

ナウエン・セレクション
今日のパン、明日の糧
暮らしにいのちを吹きこむ366のことば

ヘンリ・ナウエン　河田正雄 訳　嶋本 操 監修　酒井陽介 解説

新約聖書神学Ⅱ下
フェルディナント・ハーン　大貫 隆／田中健三 訳

編集部だより

マンガ絵本　聖書ものがたり　**ノアの箱舟**

金斗鉉（きむとうげん）／具本曙（ぐ ぼん そ）／金徳造（きむとくぞう） 作

●A4判・上製・26頁・1,200円《2018年10月刊》

　「聖書の絵本」「聖書のマンガ」はこれまでにも多く刊行されていますが、この「マンガ絵本」はひと味違う。絵本の形式にコマ割り・吹き出しなどマンガの表現方法を巧みに取り入れた、欧米のカートゥーンを思わせる構成。人気イラストレーター金斗鉉が世に問う、日本では新しいパターンの絵物語です。長年様々な絵画表現に挑戦してきた金さん、京都精華大学で本格的マンガ表現を学んだ具本曙さん、キリスト教出版からカードゲームまで様々な媒体で活躍する金徳造さん、何より信仰生活も長くCS経験も豊富な3人の考証による緻密で迫力満点な描写、ぜひお楽しみを！(H)

主のために道を備える者

聖なるイエスよ
あなたにあって、魂の静けさをお与えください。
あなたの力強い穏やかさが
　　　わたしの心を治めてくださいますように。
優しさの王よ、平和の王よ
わたしを支配してください。
制御する力を、自己制御の大きな力を
わたしの言葉も思いも行いも制御する力を
わたしにお与えください。
いらだちやすさから、穏やかさと優しさの欠如から
愛する主よ、わたしを解き放ってください。
あなたご自身の深い忍耐のもとで
わたしに忍耐をお与えください。
このことにおいて、またあらゆることにおいて
もっともっとあなたに似た者としてください。

（十字架のヨハネ　1542–1591）

待降節　第3週　木曜日

マタイによる福音書 11 章 11–15 節
イザヤ書 62 章 6–12 節

見よ、あなたの救いが進んで来る。
見よ、主のかち得られた者は御もとに従い
主の働きの実りは御前を進む。（イザヤ書 62 章 11 節）

　洗礼者ヨハネは主が到来なさるために主の道を備えました。それゆえに、地上でもっとも偉大な者だと言われています（マタイ 11:11）。ヨハネの偉大さはその務めの偉大さです。そして、この尊く重い務めが、主の第二の到来に備えて、わたしたちにゆだねられています。

　わたしたちは主の到来を待ち望む「見張り」です（イザヤ書 62:6）。わたしたちは黙してはなりません。目を覚まして、語り続けなければなりません。主の民に向かって、主の第一の到来を思い起こすようにと語り続けます。主の第二の到来を待ち望むようにと励まし続けます。そして、主に向かって叫び続けます。「わたしはすぐに来る」とお語りくださった、あの約束を思い起こしてくださいと。

主のために道を備える者

へりくだってあなたの恵みを乞い求めます。
御言葉に聞くだけでなく、行う者になれますように。
あなたの福音を愛するだけでなく、
生きることができますように。
あなたの聖なる教えに賛成するだけでなく、
お従いすることができますように
あなたのきよい戒めを告白するだけでなく、
実行することができますように。
あなたの聖なる御名をたたえるために。
また、わたしたちの魂が健やかであるために。

(トマス・ビーコン　1511–1567)

神よ、あなたはわたしたちに
あなたの光をますます輝かせてくださるのに
日々悪くなっていくばかりです。
あなたの敵はたくさんの混乱を引き起こし
全世界があの獣を拝んでしまっています。
この有様をご覧ください。
主イエスがうめきをもって見つめてくださったのと同じように
憂慮するだけのわたしたちのうめきを聞いてください。
異邦人にあなたの御名を知らせてください。
キリスト者が恥じるほど豊かに。

(フリードリヒ・クリストフ・エーティンガー　1702–1782)

待降節　第3週　金曜日

　　ヨハネによる福音書 19 章 17–22 節

　　イザヤ書 44 章 21–27 節

　　わたしはあなたの背きを雲のように

　　罪を霧のように吹き払った。

　　わたしに立ち帰れ、わたしはあなたを贖った。

（イザヤ書 44 章 22 節）

　主イエスの十字架の上には罪状書きとして「ナザレのイエ
ス、ユダヤ人の王」と書いてありました（ヨハネ 19:19）。王
であるからこそ、主イエスはすべての人の罪を担い十字架に
おつきになります。ヨハネによる福音書はキレネ人シモン
に触れず、「イエスは、自ら十字架を背負い……」（同 17 節）
と語ります。主イエスは良い羊飼いとして羊のために命を捨
てられた（ヨハネ 10:11）。自分で捨てられたのでした。

　「わたしに立ち帰れ、わたしはあなたを贖った」との主
の御言葉は、今や十字架のもとで聞かなければなりません。
「十字架の上でわたしはあなたを贖った。だから、わたしに
立ち帰れ」と主は招いておられます。「主よ、わたしたちは
だれのところへ行きましょうか。あなたは永遠の命の言葉を
持っておられます」（ヨハネ 6:68）。

50

主のために道を備える者

わたしはあなたが必要です。
あなたに教えていただくことが必要です。
あなたはわたしの耳を鋭くし
わたしのまなざしを澄んだものとし
わたしの心をきよめ新しくすることがおできになります。
主よ、曇りのない良心をお与えください。
そのような良心だけが
あなたの教えを感じ取り
理解することができるのです。

（ジョン・ヘンリ・ニューマン　1801–1890）

どんな慰めも届かない深みにあっても
あなたの信実をわたしにまで届かせてください。
信仰が消え去ってしまう夜にも
あなたの恵みをわたしから消え去らせないでください。
だれもわたしと共に歩いてくれない道で
祈ろうにも思いが縮こまってしまうとき
闇が冷たくわたしの周りを吹き荒れるとき
窮地にあるわたしを見つけ出してください。

（ユストゥス・デルブリュック　1902–1945）

第 2 部

12 月 17 日〜 1 月 6 日（公現日）

待降節第 4 主日、降誕節第 1、2 主日

12月17日

ルカによる福音書1章26–38節
ゼファニヤ書3章14–20節

わたしは主のはしためです。お言葉どおり、この身に成りますように。(ルカによる福音書1章38節)

12月17日から24日までの週日は一層直接に主の到来に備える特別な日々です。降誕祭前の最後の一週間に入っていくにあたり、わたしたちの先頭に立つのはマリアです。

マリアのところに遣わされた天使は、いきなり「おめでとう」と言いました（ルカ1:28）。この言葉は直訳すると「喜べ」という言葉です。まだ結婚していないのに身ごもり、出産しなければならない。周りの人はどう思うでしょうか。いいなずけのヨセフはどう思うでしょうか。他人の目など気にしないとしても、わたしのような者が神の御子を自分の身に宿すことなどどうしてできるでしょうか。不安や恐れを数えだしたら切りがありません。しかし「喜べ」と天使は告げます。主はすぐ近くにおられる。主はあなたの中に宿ってくださる。

マリアがその体で味わったように、わたしたちにも主の近さを体験させてください。

主があなたの前にいてくださり

あなたに正しい道を示してくださいますように。

主があなたのかたわらにいてくださり

あなたを抱きしめ、あなたをお守りくださいますように。

主があなたの下にいてくださり

あなたが倒れるとき、受け止めてくださいますように。

主があなたの内にいてくださり

あなたが悲しむとき、慰めてくださいますように。

主があなたの上にいてくださり

あなたを祝福してくださいますように。

憐れみ深い主がこのように

あなたを祝福してくださいますように。

(セドゥリウス　5世紀前半)

主よ

あなたの道を示し

あなたのお考えを知らせてください。

あなたの御手のどんな合図にも

忠実にお従いできますように。

あなたの真理へとわたしを歩ませ

正しい道にわたしを導いてください。

神よ、わたしの救いよ

わたしはあなたを探し求め

毎日あなたの恵みを慕います。(チューリヒの祈り　1886)

12月18日

テサロニケの信徒への手紙一 5 章 16–24 節

創世記 49 章 8–12 節

どうか、平和の神御自身が、あなたがたを全く聖なる者
としてくださいますように。また、あなたがたの霊も魂
も体も何一つ欠けたところのないものとして守り、わた
したちの主イエス・キリストの来られるとき、非のうち
どころのないものとしてくださいますように。

(テサロニケの信徒への手紙一 5 章 23 節)

「全く聖なる」者、「非のうちどころのない」ものと言われ
て、わたしたちはたじろぎます。それは、自分を基準にして
判断するからです。

しかしそれは、聖書をさかさまに読むことです。聖書はわ
たしたちの姿を語るよりも、神がわたしたちのために何をし
てくださったのかを語ります。神はわたしたちを「全く聖な
る」者、「非のうちどころのない」ものにしてくださるので
す。主イエスが成し遂げてくださったことは、それ以下のこ
とではありません。来るべき「獅子の子」(創世記 49:9) は
主イエスでした (黙示録 5:5)。主イエス・キリストが来られ
る時まで、わたしたちは神の救いのみわざにあずかり続けま
す。わたしを御言葉のとおりにしてください。

主よ

わたしたちが今のこの世にあって

目を覚まして

正しく

公正に生きられるようにしてください。

そしてわたしたちが

祝福された将来と

あなたの栄光の到来を待ち望みつつ

聖化の道を歩むことができますように。

また、あなたが愛する者たちのために備えていてくださる

　　永遠の相続へと

あなたの恵みによって至ることができますように。

(Collects and Prayers　1935)

全能の神よ

あなたの聖なる御子イエス・キリストは

最初のアドヴェント（到来）の時

失われたものを探し出して救うために来てくださいました。

御子の二度目の栄光に満ちた現れの時には

御子がもたらしてくださった贖いの実りを

わたしたちの内に見つけ出してくださいますように。

(Collects and Prayers　1935)

12月19日

コリントの信徒への手紙二 1 章 18–22 節

イザヤ書 11 章 10–13 節

神の約束は、ことごとくこの方において「然り」となっ
たからです。それで、わたしたちは神をたたえるため、
この方を通して「アーメン」と唱えます。

（コリントの信徒への手紙二 1 章 20 節）

　神の子イエス・キリストによって神の約束は実現しました。
神の言葉の説教も、洗礼も、聖餐も、神がわたしたちに告げ
てくださる「然り」です。それに応答する祈りも、賛美も、
信仰告白も、神の「然り」へのわたしたちの「アーメン」で
す。そのすべてはキリストを通してなされます。

　わたしたちの心に与えられている聖霊によって、わたした
ちはキリストを想い起こし、キリストにおいて神がわたした
ちに「然り」を告げてくださったことを確かめます。キリス
トの最初の到来によって神の「然り」が実現したことを知る
からこそ、キリストの第二の到来によって神の「然り」が完
成することを信じ、待ち望みます。

　そのとき、すべての民が（イザヤ書 11:10）キリストのもと
に集い、わたしたちの存在のすべてが神への「アーメン」に
なります。

天の父よ

あなたは独り子をわたしたちにお贈りくださいました。

そして独り子において

あなたご自身とすべてのものとをお与えくださいました。

あなたに感謝します。

あなたは御子において

だれに対しても、どんなものも

拒もうとなさらないし、またおできになりません。

ですから、御子において聞き入れてください。

どうか、わたしたちのたくさんの欠けから

わたしたちを解き放ってください。

わたしたちを御子と一つにしてください。

それによってわたしたちは

あなたの内に生きることができます。

(エックハルト　1260 頃 –1328)

12月20日

ヨハネの黙示録 5 章 1-5 節
イザヤ書 42 章 5-9 節

泣くな。見よ。ユダ族から出た獅子、ダビデのひこばえ
が勝利を得たので、七つの封印を開いて、その巻物を開
くことができる。(ヨハネの黙示録 5 章 5 節)

　ヨハネが見た幻の中で、神は右の手に巻物を持っておられ
ます。そこにはこの世界に対する神の御心と、神の国が完成
するための神のご計画が記されているのでしょう。けれども
その巻物は封じられていて、だれも開くことができませんで
した。神のご計画を実現に至らせることができる者はだれ一
人としていません。神のよい御心がはっきり書き記されてい
るのに、人間の罪がその実現を押しとどめています。

　神の御子が獅子として、ダビデの子として、罪と死に勝利
して巻物を開くことができる。その方を見よ！　そう言って
御言葉はその方を指さします。その方は「屠られたような小
羊」(黙示録 5:6) でした！　この方がご自分の血を流してわ
たしたちを買い取り、神のものとしてくださったので、巻物
は開かれ、神の救いのご計画が完成します。

主よ

あなたにわたしをお献げし

あなたにすべてをおゆだねします。

あなたはわたしよりも賢く

わたしが自分を愛する以上に

わたしを愛していてくださいます。

あなたの高いご計画が

わたしにおいて実現することを願います。

それがどのようなものであっても。

わたしの内で、またわたしを通してお働きください。

あなたにお仕えし

あなたのものとなり

あなたの道具であるためにわたしは生まれました。

まったく愚かな道具であらせてください。

自分で見ることも、知ることも願いません。

わたしが願うのはただ

あなたがわたしを用いてくださることだけです。

(ジョン・ヘンリ・ニューマン　1801–1890)

12月21日

ヨハネの黙示録 3 章 7–13 節

イザヤ書 60 章 14–22 節

主があなたのとこしえの光となり

あなたの神があなたの輝きとなられる。

(イザヤ書 60 章 19 節)

　まことの光が世に来てくださいました。降誕祭は闇を照らす大いなる光を喜ぶ祭です。命そのものである光がすでにわたしたちを照らしています。主よ、信仰の目を開いて、十字架の光を見させてください。

　主が再び来てくださるまで、わたしたちの嘆きの日々はなお続きます。全世界を襲う試練があります。わたしたちは無力です。しかしわたしたちは与えられたものを固く守り通したらよいのです。到来してくださった光を見つめ続けたらよいのです。

　主イエスは言われます。「見よ、わたしはあなたの前に門を開いておいた。だれもこれを閉めることはできない」(黙示録 3:8)。わたしたちを脅かす闇の力も、底知れず深いわたしたちの罪も、主イエスが開いてくださった門を閉めることはできません。そして主は向こうからわたしたちを目指して急いで来てくださいます。

わたしの光よ、来て

わたしの闇を照らしてください。

わたしの命よ、来て

わたしを死から生き返らせてください。

わたしの癒し主よ、来て

わたしの傷を癒してください。

神の愛の炎よ、来て

わたしの罪のとげを焼き尽くし

あなたの愛の炎でわたしの心を燃やしてください。

わたしの王よ、来て

わたしの心の王座につき

わたしの心を治めてください。

あなただけがわたしの王、わたしの主です。

（ドミートリイ・ロストーフスキイ　1651–1709）

12月22日

ヨハネの黙示録 22 章 16–21 節

アモス書 9 章 11–15 節

わたしは、ダビデのひこばえ、その一族、輝く明けの明
星である。(ヨハネの黙示録 22 章 16 節)

　主イエスはさまざまな言い方で、ご自分がどなたであるか、
わたしたちにとってどなたであられるのかを教えてくださ
いました。「わたしは命のパンである」(ヨハネ 6:48)。「わた
しは良い羊飼いである」(同 10:11)。「わたしは道であり、真
理であり、命である」(同 14:6)。代々の教会は主イエスに向
かって、また神に向かって、さまざまな呼びかけをして信
仰を言い表してきました。「わたしの主、わたしの神よ」(同
20:28)。「わたしの力よ」(詩編 18:2)。「わたしの岩よ」(同
28:1)。「わたしを救ってくださる神よ」(同 88:2)。

　主イエスは今「わたしは輝く明けの明星である」と言われ
ます。主よ、あなたのもとにまっすぐに進むための道しるべ
となり、わたしの道を照らしてください。あなたがすべてに
おいてすべてとなられる日を来らせてください。「わたしは
すぐに来る」(黙示録 22:20) と約束してくださった主よ、来
てください。

全能にして永遠の神よ

あなたは星を明るく輝かせることで

御子の受肉を知らせてくださいました。

学者たちはそれを見てあなたの栄光をたたえ

高価な贈り物を献げました。

あなたの義の星が

いつもわたしたちの心の内に輝くようにしてください。

そしてわたしたちの宝として

あなたがしてくださったことに対し

わたしたち自身と

わたしたちが持つすべてのものとを

あなたに献げさせてください。

(ゲラーシウス秘跡書)

12月23日

ローマの信徒への手紙 15 章 8–13 節

イザヤ書 7 章 10–14 節

希望の源である神が、信仰によって得られるあらゆる喜
びと平和とであなたがたを満たし、聖霊の力によって希
望に満ちあふれさせてくださるように。

（ローマの信徒への手紙 15 章 13 節）

　世界が激動し、諸外国が同盟して戦争の危機が迫る中、王
の心も民の心も激しく動揺しました。主は王に「落ち着い
て、静かにしていなさい」と言われます（イザヤ書 7:4）。ど
の勢力にも頼らず、ただ神に信頼し、神のご意志が実現する
のを待ち望めというのです。そしてこう続きます。「信じな
ければ、あなたがたは確かにされない」（同 9 節）。ここには
「アーメン」と同じ語幹の動詞「アーマン」が二度繰り返さ
れています。「あなたがたが神をアーメンとしなければ、あ
なたがたはアーメンとされない」。

　そしてしるしが与えられます。「おとめが身ごもって、男
の子を産む」。乳飲み子が布にくるまって飼い葉桶の中に寝
かされていることがしるしです。「その名をインマヌエルと呼
ぶ」。神はこれほどに小さくなる。これほど近くに来てくださ
る。神のみわざに、わたしたちはただ「アーメン」と唱えます。

主なる神、天の父よ

あなたは御子を通して

天と地がどのように過ぎゆくのかを

あらわしてくださいました。

どうかわたしたちを

あなたの御言葉とまことの信仰に

固くとどまらせてください。

あらゆる罪からわたしたちを守り

あらゆる試みのただ中でわたしたちを保護してください。

わたしたちの心が

この世の命のことにとらわれ過ぎることなく

いつも目を覚まして祈りつつ

御子の再臨とわたしたちの永遠の救いの完成を

喜びをもって待ち望むことができますように。

(Collects and Prayers　1935)

12月24日 夕べ

イザヤ書 9 章 1–6 節
テトスへの手紙 2 章 11–14 節
ルカによる福音書 2 章 1–14 節

いと高きところには栄光、神にあれ、
地には平和、御心に適う人にあれ。

(ルカによる福音書 2 章 14 節)

　死の陰の地に住むわたしたちの上に、光が輝きました。その光はひとりのみどりごとしてわたしたちのところに到来しました。主イエスの誕生によって「実に、すべての人々に救いをもたらす神の恵みが現れました」(テトス 2:11)。

　この出来事を解き明かすのは、いつでも上からの言葉です。預言者は「万軍の主の熱意がこれを成し遂げる」(イザヤ書 9:6) と語ります。主の熱情が、わたしたちに対する主の燃え上がる愛がこれをする。天使は「わたしは、民全体に与えられる大きな喜びを告げる」(ルカ 2:10) と語ります。主はわたしたちを喜び、ご自分の喜びの中にわたしたちを招き入れてくださいます。

　神のご臨在の光に浴したわたしたちは、主イエスの栄光の現れを待ち望みます。神が神であられることが余すところなく現れる光を待ち望みます。

主イエス・キリストよ

身を低くしてくださったあなたのお姿が

わたしたちの前に生き生きと立ち現れますように。

わたしたちがそのお姿に引き入れられ

あなたの低さにおいてこそ

あなたに似た者となることを望むようになりますように。

あなたはその栄光のゆえに

すべてのものをあなたのもとへ引き寄せてくださいます。

(セーレン・キェルケゴール　1813–1855)

わたしの思いを探り、究めてください。

わたしが何者であるのか

何がわたしの心の底を動かすのかを

試し、見きわめてください。

主よ、あなただけが知っておられます。

それをわたしに教えてください。

わたしがよこしまな小道に進んでいかないように見張り

永遠の道に導いてください。

(ペトルス・ゲオルク・バルテルス　1832–1907)

12月24日　夜

イザヤ書 7 章 10–14 節
ローマの信徒への手紙 1 章 1–7 節
マタイによる福音書 1 章 18–25 節

「見よ、おとめが身ごもって男の子を産む。
その名はインマヌエルと呼ばれる。」
この名は、「神は我々と共におられる」という意味である。

（マタイによる福音書 1 章 23 節）

　神の御子が人として誕生するにあたって、二つの名前が告げられます。「イエス」は「ヨシュア」の短縮形で、「救う者」という意味です。当時のユダヤ人の学者も「イエスとは主の救いという意味である」と解説していました。自分の民を罪から救うから、この方はイエスという名を持ちます。

　「インマヌエル」はヘブライ語で「神は我々と共に」という意味です。この方は我々のただ中に宿り、いつも我々と共にいてくださる神です。

　これらの二つの名前が一人のお方において結びついていることが大切です。わたしたちは時に救いを信じながらも神を遠く感じます。あるいは、インマヌエルを喜びながらも自分の罪を忘れています。しかしこの方は、罪人である我々と共におられ、我々の罪を引き受けてくださる神です。

主イエスよ、急いで来てください。
わたしの心はあなたのご臨在を慕い求めています。
わたしはあなたを客としてではなく
住んでくださるお方として
わたしのあらゆる力の主として
あなたを喜びます。
入ってきて、占領してください。
わたしと共にとこしえに住んでください。
そうすれば、わたしも愛する主の心に住むことができます。
主の心は、槍と愛によって
わたしのために開かれたのです。

（ジェレミー・テイラー　1613–1667）

全能の父よ
あなたの御子がこの世に来てくださることによって
天の王国は御子を信じるすべての者に開かれています。
聖霊をお与えください。
わたしたちが心を尽くして御子を信じ
日々の生活の中で御子に仕えることができますように。
御子が再び来て、ご自分の宝の民に近づいてくださるとき
あなたの憐れみによって
わたしたちも御国へと集められ
とこしえに天に住まうことができますように。

（Collects and Prayers　1935）

12月25日　夜明け

ミカ書 5 章 1–4 節前半
テトスへの手紙 3 章 4–7 節
ルカによる福音書 2 章 15–20 節

羊飼いたちは、見聞きしたことがすべて天使の話したとおりだったので、神をあがめ、賛美しながら帰って行った。

(ルカによる福音書 2 章 20 節)

　住民登録のために町がごった返しているとき、町の外では羊飼いたちが羊の群れの番をしていました。人々から忘れられ、数に入れてもらえない。眠りも奪われて、預かった羊の世話をしています。厳しい生活です。

　羊飼いたちはクリスマスの福音を聞いて、ベツレヘムへと駆け出しました。乳飲み子を探し当て、天使の言葉を伝え、そして彼らは帰っていきます。厳しい日常へと帰っていきます。人間扱いされず、汚れているとみなされ、信用してもらえず、夜の闇にうずくまるような生活が待っています。

　しかし今では、彼らの口には神に向かっていく歌があります。こんなわたしにも大きな喜びが告げられた。こんなわたしのために救い主がお生まれになった。こんなわたしがお会いできるように、救い主は飼い葉桶でわたしを待っていてくださった。神は我々と共におられる。

羊飼いたちは歌います。

それなのにわたしは黙っているのでしょうか。

わたしの神よ

あなたをたたえる賛美は、わたしにはないのでしょうか。

わたしの魂も羊飼いです。

群れを養っています。思い、言葉、行いの群れを。

牧場はあなたの御言葉です。

流れはあなたの恵みです。

すべての場所を潤しています。

羊飼いと群れは歌うでしょう。

そしてわたしの力も。

日の光よりも大声で歌います。

(ジョージ・ハーバート　1593–1633)

命の与え主よ

わたしの唇を清めてください。

傷つける言葉を語ることがありませんように。

澄んだ目を与えてください。

他の人の中によいものを見出すことができますように。

やわらかな手を

親切な心を

忍耐強い魂をお与えください。

(フローレンス・ナイティンゲイル　1820–1910)

12月 25日　降誕祭

> イザヤ書 11 章 1–9 節
> ヘブライ人への手紙 1 章 1–6 節
> ヨハネによる福音書 1 章 1–14 節

言(ことば)は肉となって、わたしたちの間に宿られた。わたしたちはその栄光を見た。それは父の独り子としての栄光であって、恵みと真理とに満ちていた。

（ヨハネによる福音書 1 章 14 節）

　神はお一人で充足しておられ、なんの欠けもないお方なのに、不思議なことに万物を創造し、わたしたちをお造りくださいました。ご自分と対面して立ち、ご自分と交わりを持つ相手として、ご自身に似せてわたしたちをお造りくださいました。神は初めから、わたしたちへ語りかけていてくださいました。神は多くのしかたでお語りになりましたが、終わりの時代に決定的なしかたでお語りになりました。言が肉となるというしかたで。

　神が告げてくださる言葉は平和です。神とわたしたちとの平和。わたしたちお互いの間での平和。自分自身との平和です。その姿を預言者は美しい光景として描きました。この光景は夢ではなく、十字架のもとでのわたしたちの現実です。主よ、十字架の光でわたしたちを照らしてください。

愛する父よ
主イエスの誕生を想い起こすとき
天使の歌と
羊飼いの喜びと
学者たちの知恵とを
わたしたちも分かち合うことができるように
お助けください。
全世界において
憎しみの扉は閉ざされ
愛の扉が開かれますように。
贈りものとともに親切が
挨拶とともによい願いが現れますように。
キリストがもたらしてくださった祝福で
わたしたちを悪からお救いください。
清い思いで喜ぶことを教えてください。
クリスマスの朝
あなたの子とされていることの幸いを味わい
クリスマスの夜
主イエスのゆえに赦されており
また赦す者とされていることを喜びつつ
眠りにつくことができますように。

（ロバート・ルイス・スティーヴンスン　1850–1894）

12月26日

コロサイの信徒への手紙 1 章 15–20 節

御子は、見えない神の姿であり、すべてのものが造られる前に生まれた方です。

(コロサイの信徒への手紙 1 章 15 節)

　キリストをほめたたえる賛美歌、キリスト賛歌です。わたしたちはキリストをほめたたえるために、どのような言葉を持っているでしょうか。御言葉は天地創造よりも前にまでさかのぼり、壮大な賛美を歌いあげます。そうしなければキリストのことを十分に歌えないのです。

　神はご自分にかたどり、ご自分の形にわたしたちを造ってくださいました。神と対面し、言葉を交わし、神との交わりに生きる者としてお造りくださいました。しかしわたしたちは神に信頼せず、御言葉に背き、神に敵対して、自ら神の形を失ってしまいました。

　わたしたちの方から神に近づくことはできません。しかし、キリストは神の形でいてくださいます。わたしたちは洗礼を受けてキリストと結ばれ、キリストを着ることによって、「造り主の姿に倣う新しい人を身に着け」ることになります（コロサイ 3:10）。それによって神の形を回復し、神との交わりに生きる者とされます。

天の父よ

主イエスの誕生を祝うとき

主イエスがわたしたちの心の中にも

　　生まれてくださいますように。

神の御子がわたしたちのために

　　人の子として生まれてくださいました。

わたしたちが御子に似た者へと

　　成長していくことができますように。

（作者不詳）

神よ

あなたの前で沈黙させてください。

　　あなたに耳を傾けることができるように。

あなたの内にとどまらせてください。

　　あなたがわたしの内で働いてくださるように。

あなたへと自分を開かせてください。

　　あなたが入ってきてくださるように。

あなたの前で空っぽにならせてください。

　　あなたがわたしを満たしてくださるように。

わたしを静かにし、わからせてください。

　　あなたがわたしの神であると。

（ニュージーランドの祈り）

12月27日

ヨハネの手紙一 2 章 5–11 節

闇が去って、既にまことの光が輝いているからです。

(ヨハネの手紙一 2 章 8 節)

　主イエスこそが「まことの光」ですが（ヨハネ 1:9）、主イエスはわたしたちに「あなたがたは世の光である」と言われます（マタイ 5:14）。神こそが「正しい方」ですが、だからこそ神はわたしたちを義としてくださいます（ローマ 3:21–26）。神の愛の中でわたしたちも愛し始めます。

　「互いに愛し合いなさい」という命令は、聖書が初めから語っている古い掟です。しかしこの命令は主イエスの到来によってまったく新しい掟になりました。「わたしがあなたがたを愛したように、あなたがたも互いに愛し合いなさい」と主イエスは言われます（ヨハネ 13:34）。わたしたちの頭のてっぺんからつま先まで、心のどんな片隅も、主イエスの愛によって贖われていないところはひとかけらもありません。わたしたちは今や主イエスの愛によってできています。わたしたちの古い人は絶えず死んでいきます。主イエスの命がこの体に現れます（Ⅱコリント 4:10）。主よ、あなたの愛の神秘を、ますますこの身にも成らせてください。

主よ、イエス・キリストよ
明けそめる朝の沈黙のうちに
あなたのもとに来ました。
へりくだりと信頼をもって
あなたの平和と知恵と力を願い求めます。
わたしの言葉が柔和さを放つものでありますように。
わたしのふるまいが平和をもたらしますように。
あなたの恵みの輝きを身にまとわせてください。

(アベリンのミリアム　1846–1878)

主よ、イエス・キリストよ
どうか今日
愛と感謝にあふれるまなざしで
この世を見ることができますように。
とりわけ、朗らかな確信と好意に
あふれていることができるようにしてください。
それによって
わたしに出会うすべての人が
あなたのご臨在と
あなたの愛とを感じることができますように。

(アベリンのミリアム　1846–1878)

12月28日

ヨハネの黙示録7章1–12節

救いは、玉座に座っておられるわたしたちの神と、
小羊とのものである。（ヨハネの黙示録7章10節）

　ヨハネの黙示録の5章以下は終末を七つの封印が開かれ
ていくこととして語ります。六つの封印が次々と開かれ、い
よいよ最後の封印が開かれようとするとき、不思議な小休止
の時が訪れます。それが第7章です。なぜたちまち世の終
わりが来ないのか。それは、選ばれた人たちがすべて洗礼を
授けられ、神の刻印を押されるための猶予期間だというので
す。

　世界伝道のあり様（1–8節）と重ね合わせて、それによっ
て救われた者たちの礼拝のあり様が語られます（9節以下）。
その数は、だれにも数えることができません。神の救いはわ
たしたちの考えを超えているということです。その大群衆
は、罪からのきよめを表す白い衣を身に着け、大声で叫びま
す。わたしたちが救われた理由は、わたしたちの側にはひと
かけらもない。救いのために必要なことで、わたしたちができ
きたことは何一つない。「救いは、わたしたちの神と、小羊
とのものである」。

あなたにお仕えしたいのです。

しかし道を見出すことができません。

良いことをしたいのです。

しかし道を見出すことができません。

主イエスよ

わたしのところに来てください。

あなたが助けてくださらなければ

決してあなたを愛することができないのです。

わたしの枷を切り刻んでください。

わたしをご自分のものにしようと

あなたは望んでくださるのですから。

（フィリッポ・デ・ネーリ　1515–1595）

わたしの主キリストよ

あなたは神と等しい方であり

天と地の王であられるのに

わたしはあなたを恐れる必要がありません。

あなたはわたしの道連れであり

恵み深い救い主であり

わたしの兄弟であり

わたしの血肉でいてくださるからです。

（マルティーン・ルター　1483–1546）

12月29日

ヨハネの手紙一 4 章 11–16 節前半

イザヤ書 46 章 3–10 節

> わたしたちはまた、御父が御子を世の救い主として遣わ
> されたことを見、またそのことを証ししています。
>
> （ヨハネの手紙一 4 章 14 節）

「神は愛です」（Ⅰヨハネ 4:16 後半）。驚くべき言葉です。
「神はやさしい」とか「神は愛情にあふれている」とか言っ
たのではまだ十分ではないというのです。「神は愛である」
と言い切ります。

それなら、「愛」とは何でしょうか。神の愛は具体的な行
為です。「独り子を世に遣わす」ことです（同 9, 10 節）。す
なわち、独り子を世に与え、十字架上の死に引き渡してしま
うことです。それによって滅びるしかないわたしたちをお救
いくださることです。

神の愛はまた、わたしたちを愛する者にし、わたしたちが
神の内にとどまり、神もわたしたちの内にとどまってくださ
るようにします。

神の愛はさらに、変わることがありません。わたしたちが
生まれた時から老いる日まで、変わることなくわたしたちを
担い、背負い、救い出してくださいます。

あらゆる恵みに富んでおられる主イエス・キリストよ。
弱いわたしたちをあなたのもとに引き寄せてください。
あなたがわたしたちを引き寄せてくださらなければ
わたしたちは従うことができないのです。
わたしたちに強い霊をお与えください。
あなたなしには
わたしたちは何もできないのです。
わたしたちに従順な霊を
正しい信仰において動かされない心を
そして、たしかな望みをお与えください。

(ヤン・フス　1370頃–1415)

主よ、わたしたちの神よ
隣人への愛について語ることは
とてもたやすいことです。
そしてわたしたちはすぐに忘れてしまいます。
　　他者の弱さを利用しないこと
　　自分の利益を手放すこと
　　忍耐すること
　　これらのことが、ほんとうにはどういう意味であるかを。
憎しみを愛によって克服すること。
　　このことのためにわたしたちを用いてください。

(作者不詳)

12月 30日

ヘブライ人への手紙 1 章 5–14 節
申命記 33 章 26–29 節

いったい神は、かつて天使のだれに、
「あなたはわたしの子、
わたしは今日、あなたを産んだ」
と言われ〔たでしょうか〕。

(ヘブライ人への手紙 1 章 5 節)

　聖書のどの書物もそうであるように、ヘブライ人への手紙
もひたすらに主イエスを語ります。では主イエスを語るため
にどこから始めるか。この手紙は、地上を歩まれたナザレの
イエスのお姿から語り始めるのではありません。

　ではどこから始めたかというと、ちょうど、福音書が語り
終えた場所から始めます。主イエスが昇天され、神の右の座
にお着きになったところからです（ヘブライ 1:3）。このこと
は、この方の物語の締めくくりではない。むしろ始まりの
場所です。ここでこそ、このお方のことをふさわしく語り始
められる。なぜなら、神の右の座に着いておられる御子こそ、
わたしたちが礼拝しているお方だからです。

あなたの御手の中に置きます。
　　わたしの休まらない思いを
　　わたしの乱れた感情を
　　わたしの命を。
あなたのひざの上に置きます。
　　わたしの疲れた頭を
　　わたしの行いの実りを
　　わたしの心配を。
あなたのマントの中に置きます。
　　わたしの無防備な体を
　　わたしの傷ついた魂を
　　わたしの試みられている霊を。
あなたの御手の中に置きます。
　　わたしの友を
　　わたしの敵を
　　わたしの命を。

（作者不詳）

12月31日

イザヤ書 30 章 8–17 節
ローマの信徒への手紙 8 章 31–39 節
ルカによる福音書 12 章 35–40 節

腰に帯を締め、ともし火をともしていなさい。

(ルカによる福音書 12 章 35 節)

　復活させられ、天に上げられた主イエスは今、「神の右に座っていて、わたしたちのために執り成して」いてくださいます (ローマ 8:34)。主イエスがすでに成し遂げてくださったことと、主イエスが献げ続けていてくださる祈りのゆえに、神はいつでもわたしたちの味方です。「もし神がわたしたちの味方であるならば、だれがわたしたちに敵対できますか」(同 31 節)。

　わたしたちは主イエスに祈られ、神の愛に包まれて、主イエスが再び到来してくださるのを待っています。主イエスが「帰って来て戸をたたくとき、すぐに開けようと待っている人のように」しています (ルカ 12:36)。「待つ」ということは、その方がいないということではありません。「待つ」とは、自分の命がその方への待望で満ちているということです。その方が託してくださった使命を忠実に果たしながら、その方にお会いする準備をします。

86

主よ

わたしがこの地上にとどまる間

わたしをお守りください。

日ごとにあなたを真剣に探し求め

信じ愛しながらあなたと共に歩いていけますように。

そうして

あなたが来られるとき

わたしたちが自分の能力（タラントン）を隠しているのでなく

わたしたちの肉に仕えているのでなく

ともし火を灯さずに眠っているのでなく

わたしたちの主、わたしたちの栄光の神を

永遠に慕いながら待っているのを

見出していただくことができますように。

（リチャード・バクスター　1615–1691）

1月1日　主イエスの命名の日　朝

創世記 17 章 1–8 節
ガラテヤの信徒への手紙 3 章 26–29 節
ルカによる福音書 2 章 18–21 節

あなたがたは皆、信仰により、キリスト・イエスに結ばれて神の子なのです。

（ガラテヤの信徒への手紙 3 章 26 節）

　神が名づけ、呼んでくださる名前は、他の人と区別するためのただの記号ではありません。その人に新しい存在を与えます。アブラムはアブラハムと名づけられて、多くの国民の父とされます（創世記 17:5）。

　クリスマスに生まれた幼子は八日たって割礼を受け、イエスと名づけられました（ルカ 2:21）。御子が「イエス」と名づけられることで、このお方が世の救い主であることが表されています。わたしたちはこのお方と結ばれて神の子とされ、神の国の相続人とされています。

　どうか主イエスの御名において新しい年を始めることができますように。わたしたちがこの新しい年に行うことをもって、父よ、あなたをほめたたえることができますように。

永遠の御言葉よ

神の独り子よ

ほんとうに大きな心を持つことを教えてください。

あなたにふさわしくお仕えすることを

計算せずに与えることを

自分が受ける傷を気にせずに戦うことを

休むことを求めずに働くことを

あなたの聖なるご意志を満たしたのだと知ること以外には

　　何の報いも期待せずに

　　自分を献げ尽くすことを教えてください。

　　　　　　　　（ロヨラのイグナティウス　1491 頃 –1556）

主よ

あなたがわたしをご自分のものとしてくださる

その御心のままに

わたしを導き、支配し、整えてください。

わたしに純粋さと霊と真理をお与えください。

それによってあなたの形に似た者となれますように。

そうすれば

わたしの強さはあなたの内にあり

あなたがわたしの盾であることを

皆が知るようになるでしょう。

　　　　　　　　（マグダレーナ・ジビュラ・リーガー　1707–1786）

1月1日 夕

ヨシュア記 1 章 1–9 節
ヤコブの手紙 4 章 13–15 節
ルカによる福音書 4 章 16–21 節

わたしは、強く雄々しくあれと命じたではないか。うろ
たえてはならない。おののいてはならない。あなたがど
こに行ってもあなたの神、主は共にいる。

(ヨシュア記 1 章 9 節)

主イエスと共に新しい一年の歩みを始めます。福音は主イ
エスにおいて実現しました。わたしたちが聖書の御言葉に聞
くごとに、「この聖書の言葉は、今日、あなたがたが耳にし
たとき、実現した」(ルカ 4:21) との言葉は、わたしたちに
おいても真実となります。主イエスがここに共にいてくださ
り、約束を想い起こしてくださり、聖書が証ししているの
と同じみわざをわたしたちにもしてくださるからです。そう
やってこの年も「主の恵みの年」とされます。

新しい一年が与えられました。「人の心には多くの計らい
がある。主の御旨のみが実現する」(箴言 19:21) と告げられ
ています。ですからわたしたちは「主の御心であれば、生き
永らえて、あのことやこのことをしよう」と言います (ヤコ
ブ 4:15)。

主よ

あなたの御手にわたしのすべてをゆだねます。

御心のままにわたしを用いてください。

あなたはご自身のためにわたしをお造りになりました。

わたしを伴って、ご自身の道を進んでください。

あなたがわたしを造り

わたしに期待していてくださる

そのとおりのものでありたいと願います。

わたしはあなたにお従いします。

ただ、わたしの今日に必要な力をお与えください。

（ジョン・ヘンリ・ニューマン　1801–1890）

わたしたちの家々やわたしたちの身近にある

さまざまの、しばしば隠されている

困窮や絶望に対して

わたしたちの目と心とを開いてください。

そこでのわたしたちの使命をも

わたしたちにお示しください。

（作者不詳）

1月2日

ヨシュア記 24 章 1–2 節前半、13–27 節
マタイによる福音書 22 章 41–46 節

あなたたちはメシアのことをどう思うか。だれの子だろうか。（マタイによる福音書 22 章 42 節）

　ヘブライ語の「メシア」、ギリシア語の「キリスト」はどちらも「油注がれた者」という意味です。旧約聖書における「油注がれた者」はなんと言ってもイスラエルの王です。ユダヤ人たちはダビデのような偉大な王が現れて自分たちを解放し、神の民を再建してくれることを期待するようになりました。それゆえ「ダビデの子」が終末に現れるメシアを指す称号になっていったようです。

　メシア／キリストとはどなたなのでしょうか。だれの子でしょうか。わたしたちにも改めて問われています。わたしたちも心の中で勝手なメシア像をこしらえてしまうからです。主イエスはダビデにとっても主であられ、神の御子であられ、神であられます。

　エジプトを脱出した神の民は、ヨルダン川を渡り、約束の地に入った後で、改めて契約を結びました。わたしたちも新しい年の歩みを始めるにあたり、「わたしとわたしの家は主に仕えます」（ヨシュア記 24:15）との思いを新たにします。

聖なる神よ

あなたの目には、隠されているものは何もありません。

あなたはわたしたちの心を見分け

わたしたちの道をすべて知っておられます。

心からあなたにお願いします。

あなたの御言葉によって

あらゆる間違った確かさから

わたしたちを目覚めさせてください。

そのような確かさで

わたしたちは自分自身を欺（あざむ）いているのです。

目を覚まして祈ることができるように

わたしたちをお助けください。

あなたの正しい裁きが現れる日に

わたしたちが失われてしまうことがありませんように。

忠実な管理人としてあなたに見出していただき

天の御国に入ることができますように。

（マルティーン・ルター　1483–1546）

1月3日

出エジプト記 2 章 1–10 節
マタイによる福音書 2 章 13–15 節、19–23 節

ヨセフは起きて、夜のうちに幼子とその母を連れてエ
ジプトへ去り、ヘロデが死ぬまでそこにいた。それは、
「わたしは、エジプトからわたしの子を呼び出した」と、
主が預言者を通して言われていたことが実現するためで
あった。(マタイによる福音書 2 章 14–15 節)

　旧約聖書の中心にあるのは出エジプトの出来事だと言って
いいでしょう。イスラエルの子らはエジプトで奴隷となって
いましたが、主は彼らを奴隷の家から解放し、約束の地に導
き入れてくださいました。王国が滅亡し、イスラエルの子
らがバビロンで捕囚となったとき、捕囚からの解放と帰還を、
預言者たちは第二の出エジプトと捉えました。主が力ある御
手と御腕を伸ばして解放し、神の国に招き入れてくださるこ
と。これが神の救いのみわざです。
　主イエスは新しいモーセとして神の民を呼び集め、神の言
葉を告げ、天からのパンを与えて養い、神の国に導いてくだ
さいました。しかし、そのことをなさるのに先立って、まず
ご自分がもっとも小さな者になり、そしてエジプトから始ま
る神の民の歩みをたどり直してくださいました。

主よ、あなたはご自身
客人としてわたしたちのもとにおいでになりました。
見知らぬ人の隣人になることができるように
わたしたちをお助けください。
身寄りのない難民に、心も扉も開かせてください。
そのような人たちとわたしたちとは
いつの日か
まことの故郷にいるあなたのもとに帰りたいという望みで
結ばれているのですから。

(ヨハン・アモス・コメニウス　1592–1670)

主よ
わたしの周りにはこんなにもたくさんの人々がいます。
しかしわたしは一人です。
自分の孤独にうずくまることから解き放ち
わたしに一人の人間をお与えください。
自分自身の周りを回り続けることがないように
他の人たちを大切な存在として受け取らせてください。
わたしを待っている人のかたわらを
通り過ぎてしまうことのないようにさせてください。
わたしを通して
あなたはその人を助けようとしておられるのですから。

(作者不詳)

1月4日

創世記 21 章 1–7 節
ヨハネによる福音書 8 章 51–58 節

はっきり言っておく。アブラハムが生まれる前から、
「わたしはある。」（ヨハネによる福音書 8 章 58 節）

「わたしはある」。不思議な言葉です。ギリシア語で「エ
ゴー・エイミ」と言われています。英語の「アイ・アム」に
あたります。ふつうはその後にさらに言葉が続きます。「エ
ゴー・エイミ・何々」と言えば、「わたしは何々である」と
いう意味になります。主イエスはヨハネによる福音書で何度
もこの言い方をなさいました。「わたしは良い羊飼いである」
（10:11）。「わたしは復活であり、命である」（11:25）。「わた
しはまことのぶどうの木である」（15:1）。しかし主イエスは
また、後に何も加えずに「エゴー・エイミ」と言い切ること
もなさいました（8:24, 28; 13:19; 18:5）。

この言葉には神がご自分の名前としてモーセにお告げに
なった「わたしはある。わたしはあるという者だ」（出エジ
プト記 3:14）という言葉が響いておりましょう。わたしがい
るのだ。たしかにいるのだ。「何々である」などと言いよう
のない仕方で、わたしはいる。主はそう宣言されます。

主よ

わたしの心の耳はあなたのもとにあります。

その耳を開き、わたしの魂にお語りください。

「わたしがあなたの救いだ」と。

あなたを捉えることができるまで

わたしはその声を追いかけて歩きます。

あなたの御顔をわたしから隠さないでください。

（アウグスティーヌス　354–430）

まことの賢者であるイエス・キリストよ

あなたは、この地上にいるわたしたちのために

知恵となってくださいました。

どうかわたしたちを賢くしてください。

あなたを知っている者は

十分に知っているのです。

あなたを愛し、あなたを喜ぶことは

すべてを知ることにまさっています。

あなたにお従いする者は

賢い者なのです。

（フィーリプ・フリードリヒ・ヒラー　1699–1769）

1月5日

創世記9章12–17節

わたしは雲の中にわたしの虹を置く。これはわたしと大地の間に立てた契約のしるしとなる。（創世記9章13節）

　創世記が6章から9章までかけて語る大洪水の出来事は「ノアの箱舟」と呼ばれます。しかしノアは（箱舟から出た後の逸話は別にして）ひと言も発言しません。何を考えたか、どう感じていたかもわかりません。自分で何かを決断するわけでもありません。聖書はどこを開いてもそうですが、洪水の出来事も神の物語です。神が語り、神が行動します。

　大洪水の始まりは神の思いです。主は「心を痛められた」(6:6)。世界の苦しみに対して、神は心を痛めておられます。滅びから救いへと転換させるのも神の思いです。「神は、ノアと彼と共に箱舟にいたすべての獣とすべての家畜を御心に留め、地の上に風を吹かせられたので、水が減り始めた」(8:1)。神が御心に留め、思いを向けてくださることから、いつでも救いのみわざが始まります。契約を立て、契約のしるしを与えてくださるのも神です。虹を見て、わたしたちが契約を想い起こさねばならないというのでないのです。神が契約を御心に留めてくださる。救いはひたすらに神のものです。

主よ、憐れみ深いわたしたちの神よ
わたしたちは恵みの時を切に求め
あなたの子どもたちのうめきが
あなたのみもとに至るようにと願います。
すべての造られたもののための大いなる救いが来る日を
どうぞ早めてください。
それとともに、あなたが用意してくださった場所に
わたしたちを遣わしてください。
あなたの日が早く来るために
忍耐と信仰をもって
わたしたちも共に働くことができますように。
わたしたちを誠実であらせてください。
小さい者も大きい者も
わたしたちの執り成しに身をゆだねている者たちをも
わたしたちすべてを祝福してください。
主よ
苦しみと悲しみをもってこの日を始める
すべての者たちと共にいてください。
慰めの天使と共に彼らに近づいてください。
主よ
わたしたちの願いと理解を超えて
あなたの約束のとおりになさってください。

(ヨーハン・クリストフ・ブルームハルト　1805–1880)

1月6日　公現日

イザヤ書 60 章 1–7 節
エフェソの信徒への手紙 3 章 2–6 節
マタイによる福音書 2 章 1–12 節

起きよ、光を放て。
あなたを照らす光は昇り
主の栄光はあなたの上に輝く。(イザヤ書 60 章 1 節)

　占星術の学者たちが束の方から来て、ついにお生まれに
なった主イエスを探し当てます。この学者たちはしばしば三
人とされ、さらにはそのうちの一人は黒人として絵に描かれ
たり、像に刻まれたりしてきました。三人はそれぞれアジア、
ヨーロッパ、アフリカの三つの大陸を代表しているというわ
けです。主イエスが全世界へと顕された出来事としてこの箇
所が読まれてきたことがわかります。
　神の計画は、すべての民が「福音によってキリスト・イエ
スにおいて、約束されたものを……一緒に受け継ぐ者、同
じ体に属する者、同じ約束にあずかる者となるということ
です」(エフェソ 3:6)。主イエスは「万民のために整えて
くださった救いで、異邦人を照らす啓示の光」です (ルカ
2:31–32)。わたしたちはこの光の中を歩みます。

100

主イエスよ

わたしはあなたのもとにまいります。

苦難の時

あなたの助けがどうしても必要だからです。

それだけではありません。

愛がわたしを駆り立てるからです。

わたしのただ一人の主、

救い主、

真の友、

あなたを求める切なる渇望がわたしの内にあって

わたしを駆り立てます。

先行するあなたの恵みと愛がわたしの心を

信じ望みつつ愛するようにと動かしているのです。

（ヨハネス・タウラー　1300 頃 –1361）

待降節　第4主日

　　イザヤ書 52 章 7–10 節
　　フィリピの信徒への手紙 4 章 4–7 節
　　ルカによる福音書 1 章 39–55 節

　　主において常に喜びなさい。重ねて言います。喜びなさ
　　い。あなたがたの広い心がすべての人に知られるように
　　なさい。主はすぐ近くにおられます。

　　　　　　　　　　　（フィリピの信徒への手紙 4 章 4–5 節）

　御言葉はわたしたちを喜びへと招いています。

　しかし、喜べと命じられて、喜べるものでしょうか。わた
したちには小さな喜びがあり、それを押しつぶすたくさんの
悩みを経験します。周りを見回せば、たくさんの人々がおり、
その一人ひとりに悲しみがあります。うめきがあります。

　御言葉は語ります。それでも、喜びなさい。

　どのような苦しみによっても消えることのない喜びがある。

　その理由はただ一つです。「主はすぐ近くにおられます」。

　主の近さは、時間的な近さでもありましょう。「然り、わ
たしはすぐに来る」（黙示録 22:20）と主イエスは言われます。

　主にあって消えることのない喜びがあります。

近づく喜び

もろもろの民が待ち望んでいる主イエスよ
来てください。
あなたの聖なるご臨在によって
わたしたちに喜びをお与えください。
わたしたちには助言と助けと守りが必要です。
良いことと悪いことを自分で区別しようとしても
あまりにも簡単に取り違えてしまいます。
知らないうちに自分を甘やかします。
良いことをしようとしても
わたしたちには力と確信が欠けているのです。
悪いことに抵抗しようとしても
わたしたちはいつもあまりにも弱く、負けてしまうのです。
来て、わたしたちの愚かさをいやしてください。
来て、弱く足りないわたしたちを助けてください。
神の力、神の知恵よ、来てください。
わたしたちの夜を昼に変え、危険から守り
暗さを照らし、勇気を強め、あなたの御手によって導き
地上の巡礼を御心に従って歩めるようにしてください。
あなたご自身が建ててくださった永遠の都に
ついに迎えていただく時まで。

(クレルヴォーのベルナルドゥス　1090 頃 –1153)

103

降誕節　第 1 主日

イザヤ書 49 章 13–16 節

ヨハネの手紙一 1 章 1–4 節

ルカによる福音書 2 章 22–40 節

主よ、今こそあなたは、お言葉どおり

この僕を安らかに去らせてくださいます。

わたしはこの目であなたの救いを見たからです。

（ルカによる福音書 2 章 29–30 節）

シメオンの賛歌は夜の祈りです。一日を終えて、思いわずらいを神にゆだねて安らかな眠りにつく時の祈り。地上の生涯を終えて、すべてを神にお任せして、目を閉じることができる祈り。「次に目を開けるのが神の国においてであってもかまいません」と告白する祈りです。

なぜならあなたの救いを見たから。シメオンは将来の救い主を見たのではありません。神の救いそのものを見たのです。神が身を投げ出して、わたしの腕の中に来てくださった。ここに救いがある。ここに啓示があって、神がどなたであるかが現れている。

どうかわたしたちの目を開いて、主イエス・キリストの内にあなたの愛の輝きを見させてください。この光の中で生きることも死ぬこともできるとの信仰をお与えください。

シメオンとアンナ

主イエス・キリストよ
あなたは故郷のない子どもとしておいでになり
家畜小屋と飼い葉桶にしか居場所を見出しませんでした。
あなたはわたしたちの間に住もうとされましたが
あなたのものたちはあなたを受け入れませんでした。
あなたはこの世を喜ばせるためにおいでになりましたが
貧しい羊飼いしかよい知らせを信じませんでした。
わたしたちが今、あなたに耳を傾け
あなたのもとに行けるように、お助けください。
貧しさの中にあなたの豊かさを
無力さの中にあなたの憐れみを
低さの中にあなたの高さとわたしたちの救いを
どうか、見出すことができますように。(作者不詳)

愛する父よ
この日の命を
あなたの御手の中にお受け取りください。
わたしの目を受け取り
わたしの目が動かされることなく
あなたに向けられるようにしてください。
わたしの舌を受け取り
あなたとあなたの愛について証しすることができるように
必要な力をお与えください。(作者不詳)

降誕節　第2主日

　　イザヤ書 61 章 1–11 節
　　ヨハネの手紙一 5 章 11–13 節
　　ルカによる福音書 2 章 41–52 節

　　主は救いの衣をわたしに着せ
　　恵みの晴れ着をまとわせてくださる。
　　花婿のように輝きの冠をかぶらせ
　　花嫁のように宝石で飾ってくださる。

（イザヤ書 61 章 10 節）

　わたしたちが主によって喜び楽しむとき、そのこと自体が主の救いのすばらしさを示す証しになります。わたしたちの魂が喜び躍るならば、それはそのまま主を輝かせ、主の栄光をたたえることです。

　主は打ち砕かれた心を包み、捕らわれていたわたしたちを解放してくださいました。地上の命にはなお嘆きがあり、闇がありますが、「御子を持っている人は（永遠の）命を持っています」（I ヨハネ 5:12 直訳）。御父の子とされて、この地上ですでに父の家に帰ることができます。御子は「わたしはわたしの父の家にいなければならない」（ルカ 2:49 直訳）という言葉で御父をほめたたえました。わたしたちも父の家を喜びとすることで神を賛美します。

神の子

主よ

わたしたちの前にいて、わたしたちをお導きください。

わたしたちの後ろにいて、わたしたちをお守りください。

わたしたちの下にいて、わたしたちを担ってください。

わたしたちの上にいて、わたしたちを祝福してください。

わたしたちの内にいてください。

そうして、霊も魂も体も

——それらはあなたのものです——

あなたに正しくお仕えし

あなたの御名を聖としますように。

（ナータン・セーデルブルーム　1866–1931）

主なる神よ

あなたがお与えになるものを

担うための力をお与えください。

わたしはあなたの恵みに信頼し

わたしの命をまるごと、あなたの御手にお献げします。

御心のままにわたしになさってください。

それがわたしにとってよいことなのです。

わたしが生きるにしても死ぬにしても

わたしはあなたのそばにおり

あなたはわたしのそばにいてくださいます。

（ディートリヒ・ボーンヘッファー　1906–1945）

待降節から公現日までの過ごし方

キリスト降誕祭の始まり

　教会の一年には大切な三つの祭があります。キリスト降誕祭（クリスマス）、キリスト復活祭（イースター）、聖霊降臨祭（ペンテコステ）です。この三つの祭の中でもっとも古くから祝われてきたもっとも大切な祭はキリスト復活祭です。キリストは十字架にかかってわたしたちのために死んでくださり、わたしたちのために甦ってくださいました。キリストの死と復活はわたしたちの罪を贖い、わたしたちに神の子の命を与える救いのみわざです。わたしたちは主の日ごとにキリストの死と復活を想い起こして、救いの神の御名をたたえていますが、一年の暦の中でもキリストが死んで甦られた季節を特別に覚えることはふさわしいことです。復活祭へと向かっていく日々をわたしたちは受難節として覚え、十字架の前にひざまずき、聖なる復活をたたえて過ごします。

　復活日の日付について論争があったことが二世紀の文書から知られています。復活祭そのものはそれよりも前から祝われていたに違いありません。もっとさかのぼって、教会が誕生したばかりの頃のユダヤ人キリスト者たちは、旧約聖書以来の過越祭を祝う習慣を保ちながら、それをキリストの受難と復活を覚える祭として祝っただろうと想像されます。そうすると、教会は初めから復活祭を祝っていたということにな

りましょう。

　復活祭の起源が教会の歴史と同じくらい古いのに対して、キリスト降誕祭が祝われるようになるのは、教会が生まれてから三百年後、四世紀になってからのようです。教会は時間をかけて、キリストの到来を祝う習慣を身につけていきました。それは、キリストの秘義についての理解の深まりを示していると言ってよいと思います。

福音書における降誕の記事と降誕祭

　教会の歴史の中で、後になって降誕祭が祝われるようになったことは、四つの福音書がキリストのご降誕をどのように扱っているかということと似ています。聖書の中には福音書が四つ収められていますが、そのうち最初に書かれたのはマルコによる福音書であろうと考えられています。マルコは「福音」という名の文書を書き、そこで主イエス・キリストのご生涯と死と復活とを証ししました。その書物をどこから書き始めるか、マルコは考えぬいたに違いありません。マルコは洗礼者ヨハネの活動と、主イエスのいわゆる「公生涯」の始まりから書き始めました。主イエスのご降誕についてはひと言も触れませんでした。

　マタイやルカはマルコによる福音書を手本にしつつも、それぞれの福音書を主イエスの誕生の物語から語りだしました。神の御子がこの世に生まれてくださったことから救いは始まっているし、主イエスの十字架の道行きは飼い葉桶からす

待降節から公現日までの過ごし方　*109*

でに始まっていると捉えたわけです。

　ヨハネは、主イエスがどなたかを語るためにはもっと前から語りだす必要があると考えました。そもそもの「初め」から語らないことには、独り子である神を語ることはできない。初めにあった神の永遠の御言葉が受肉したのだ。ヨハネはそのように語り始めています。

　重要なのは、イエス・キリストにおいて行われた神の啓示と救いのみわざです。その頂点は十字架と復活です。だから福音書はその多くの部分を割いてキリストのご受難を語っていますし、教会はもっとも大切な祭として復活祭を祝います。しかし、神の啓示と救いのみわざは十字架と復活のみにおいて行われたわけではありません。主イエスの地上のご生涯全体を通してです。主イエスの到来そのものがすでに、神の啓示と救済の始まりです。そこで、後になって書かれた福音書は主イエスの誕生の次第を語るようになりましたし、教会はやがて降誕祭を祝うようになりました。

　ですから教会は降誕祭にあたって、偉大な人物の誕生日を祝っているのではありません。永遠の神の受肉の秘義を祝い、神の到来の出来事を祝っているのです。

教会暦の中の降誕祭

　教会は神がお造りくださった時間の中に置かれ、神が支配し導いていてくださる歴史の中を歩んでいます。それは、創造に始まり終末に至る歴史です。神の救いの御心が実現して

いく救いの歴史です。聖書を読むことによってわたしたちは、神の救済史の中に生かされている自分を発見します。

　神の時の中を歩んでいくにあたって、教会はこの世とは別の、教会独自の暦を持つようになりました。教会の一年は、待降節第一主日に始まり、終末主日（永遠の主日）で終わります。終末主日をもって教会の一年が終わり、次の主日から新しい一年が始まります。再び待降節第一主日となります。しかし一年前に戻って、同じ道のりを繰り返し、そのようにして閉じた円をぐるぐると回り続けるのではありません。教会の時は、実はいつでも前進し続けています。新しい年の待降節は、昨年よりも一年分終末に近づいた待降節となるのです。

　教会の時が円環的な時間なのではなく、終末に向かって進んでいく直線的な時間であることがもっともよく現れるのが待降節です。教会の一年の最後の主日は終末主日です。世の終わりを思い、永遠を思う主日です。その翌週から待降節となります。待降節になったとたんに、振り出しに戻り、主イエスの降誕を待ち望むところからやり直すのではないのです。待降節に入っても、終末主日からそのまま引き続いて終末を思います。そして、世の終わりに再び到来してくださるキリストを待ち望みます。

マルコによる福音書と待降節

　待降節を過ごすことは、マルコによる福音書を読むことと似たところがあります。

マルコによる福音書は主イエスの地上でのご生涯を語り、主イエスが十字架にかけられ、死なれたことを語ります。そして最後の 16 章に入り、イースターの朝、主イエスの墓が空になっていたと告げます。それを見た婦人たちが震え上がり、正気を失ってしまったことからして、そこでただならぬこと、神の出来事が起きていることが示されています。それは人間の理解を超えたことです。そこで何が起きたのかを明らかにするのは、人間の言葉ではなく、神の使いの言葉です。

　御使いはこう語りました。「あの方は復活なさって、ここにはおられない」（マルコ 16:6）。復活なさったということは、今生きておられるということです。それなら、生きておられる主イエスはどこにいて、何をしておられるのでしょうか。御使いの言葉が続きます。「あの方は、あなたがたより先にガリラヤへ行かれる」（同 7 節）。これが、弟子たちにもペトロにも告げるべき言葉でした。

　主イエスは、あなたがたより先にガリラヤへ行かれる。ここで「先に行く」と訳された言葉には、「先立って進む」という意味もあります。たとえば、「イエスは先頭に立って進んで行かれた」（同 10:32）と語られる時の「先頭に立って進む」という部分は、元の言葉では同じ単語です。弟子たちと共に地上を歩まれた時の主イエスのお姿です。ですから、空の墓で御使いが告げたのも「あの方は、あなたがたの先頭に立ってガリラヤに進んで行かれる」ということであったのかもしれません。

「ガリラヤへ」という言葉に促されて、福音書の最初に帰り、初めからもう一度読み始めます。ガリラヤを歩まれる主イエスのお姿が語られています。そこでわたしたちは知ることになります。主イエスは今も生きて、わたしたちの先頭に立って歩んでいてくださる。かつて地上を歩まれた主イエスのお姿と、今生きておられる主イエスのお姿とが重なり合って見えてきます。

　福音書をもう一度読み返し、これを復活された主イエスの物語として読む時に、はじめてはっきりとわかるようになります。主イエスがなぜ「子よ、あなたの罪は赦される」（同2:5）とお語りになることができたのか。それは、この方がその人の罪を全部担い、その人に代わって十字架におかかりになり、その人のための救いと命とを獲得してくださったからです。この言葉は、復活された主の言葉なのです。

　福音書を読むことによって、地上を歩まれた主イエスのお姿を見、そのお姿を、今生きておられる復活の主のお姿として見ます。待降節を過ごすことは、これと似ています。クリスマスの夜、神の御子が到来してくださったことを想い起こします。すでに実現した第一の到来を見つめることを通して、近づいている第二の到来をありありと覚え、待ち望むことができます。神の御子が到来してくださったという奇跡に驚き、そこに込められている神の御心を深く思いつつ、すでに到来してくださったお方が、再び到来しようとしていてくださることを喜び、祈りつつ備えたいと願います。

待降節から公現日までの過ごし方　*113*

大切な人の訪れを心待ちにする人、愛する人の帰りに備えて掃除をし、食事を作り、飾りつけをしている人にとって、「待つ」ことは寂しく空虚なものではありません。むしろその人を「待つ」ことが命を満たしています。主イエスは近い。わたしたちは主を待ち望みます。

降誕祭から公現日へ

　すでに述べたように、キリスト降誕祭は主イエスの誕生日を祝うのではなく、永遠の神の受肉の秘義を祝う祭です。12月25日、夜がいちばん長くなる季節に、教会はまことの光の到来を祝います。

　西方教会（ローマ・カトリック）が12月25日に降誕祭を祝うようになったのに対して、東方教会（ハリストス正教会）は1月6日に主イエスの誕生や洗礼を祝うようになりました。1月6日を祝う習慣は後に西方にももたらされますが、この日に何を祝うかは、地域によって、また時代によってさまざまでした。時代を経る中で、1月6日は東方の学者たちが幼子イエスを礼拝したこと（マタイ2:1–12）を記念する日となりました。

　1月6日は「公現日」です。英語で「エピファニーEpiphany」と言います。ギリシア語の「エピファネイア」に由来します。「現れ、出現」そして「到来」を意味します。ラテン語の「アドヴェント」とギリシア語の「エピファネイア」は同じことを指していると言っていいのです。すなわち、

主イエスの第一の到来についても（Ⅱテモテ1:10）、第二の到来についても（同4:1, 8）「エピファネイア」が使われています。わたしたちは待降節にも、降誕祭にも、そして公現日にも、いつでも主イエスの第一の到来を感謝し、第二の到来を待ち望んで祈り続けます。

本書の用い方

毎日の生活の中で時間を定めてささげる祈り（時祷）の伝統を回復したいと思います。神に時を献げ、心を献げる、幸いなひと時を持ちましょう。

本書には短い聖句が掲げられていますが、そこだけでなく、示されている聖書の箇所をすべて読むようにしてください。聖書はできるだけゆっくりと読むのがよいのです。

主日と祝祭日の聖書日課には旧約聖書、使徒書、福音書の三カ所が選ばれています。月曜日から金曜日までの日課は二カ所選ばれています。土曜日の日課は一カ所のみです。土曜日の夜はすでに主の日が始まっており、主日の礼拝に備えるべきだからです。1月5日の日課が一カ所のみなのも、土曜日の場合と同じです。

12月17日からは日付の入ったページを用います。12月26日は殉教者ステファノ、27日は使徒ヨハネ、28日はベツレヘムの罪のない子どもたちを覚える伝統があります。本書では、それらにかかわる聖書箇所は掲げず、降誕祭と結びついた一カ所のみを挙げました。

参考文献

主に下記の書から祈りを集めた

Collects and Prayers for Use in Church. The Board of Publication of The United Lutheran Church in America 1935.

Angela Ashwin (ed.), *The Book of a Thousand Prayers*. Marshall Pickering 1996.

Wolfgang Brinkel (hg.), Unsere Zeit in Gottes Händen: Evangelische Gebete. Gütersloher Verlagshaus 2009.

Anthony F. Chiffolo (ed.), *At Prayer with the Saints*. Liguori 1998.

Owen Collins (ed.), *2000 Years of Classic Christian Prayers*. Orbis Books 2000.

Michael Counsell (ed.), *2000 Years of Prayer*. Morehouse Publishing 1999.

Horton Davies (ed.), *The Communion of Saints: Prayers of the Famous*. William B. Eerdmans 1990.

Hermann Greifenstein u.a. (hg.), Allgemeines Evangelisches Gebetbuch. Furche-Verlag [3]1971.

Philip Law (ed.), *A Time to Pray: 365 Classic Prayers to help you through the year*. Lion Publishing 1997.

Walter Nigg (hg.), Gebete der Christenheit. Agentur des Rauhen Hauses [2]1952.

Manfred Seitz u.a. (hg.), Wir Beten: Gebete für Menschen von heute. Schriftenmissions-Verlag [8]1978.

Dorothy M. Stewart (ed.), *The Westminster Collection of Christian Prayers*. Westminster John Knox Press 2002.

Christian Strich (hg.), Lobet den Herrn!: Gebete großer Dichter und Denker. Diogenes Verlag 1987.

聖書日課は下記の書に基づく

Die Evangelische Michaelsbruderschaft (hg.), Evangelisches Tagzeitenbuch. Vandenhoeck & Ruprecht [5]2003.

あとがき

　本書は『十字架への道　受難節の黙想と祈り』の姉妹編です。『十字架への道』の場合にはその原型として、受難節のたびごとに教会で配布して用いていた祈りの冊子がありました。その冊子には聖書の箇所のみを掲げていましたが、御言葉を味わい、思いめぐらし、自分自身への神の語りかけとして受け取ることが大切だと考え、その一助となるようにと短い黙想の言葉を添えて書物にしていただきました。

　受難節の祈りの冊子を配布していた教会では、待降節にも祈りの冊子を用いていました。待降節の冊子は、共同で牧会をしていた同労の牧師が作成しました。その教会の者たちが祈るための長い祈りを、その牧師が用意してくださいました。ご紹介することができず残念です。

　同労の牧師によるすぐれた冊子があったため、自分では待降節にあたっての冊子を作ることはありませんでした。そのため、本書の作成にあたっては、『十字架への道』の場合とは異なり、祈りを集め、翻訳するところから始める必要がありました。今回も著作権のある比較的新しい祈りは用いないことにし、2000年の教会の歴史の中から選びました。待降節のための祈りとして書かれたもの、もともとはそうではなかったかもしれないけれど、祈りのアンソロジーの中で待降節の祈りとして収録されているもの、待降節とは関係のないものなど、さまざまな祈りが収められています。

これまで、待降節のための祈りの冊子を自分で作ったことがなかったとはいえ、『十字架への道』を企画している段階から、待降節のための黙想と祈りの本を出したいという思いは強くありました。それは、キリスト者であっても待降節の過ごし方がわからないでいる方が少なくないように感じられたからです。

　待降節を待降節として過ごすことが難しい理由は、一つには巻頭の「待降節の祈りへの招き」にも書いたように、この時期がとても忙しくなってしまうことです。しかし、それだけではないように思うのです。

　待降節の時期に初めて教会に来たある人が、「教会の人たちはまるで劇をしているようだ」と思ったそうです。まるでキリストがまだお生まれになっていないかのように、降誕を待つ時を過ごしているというのです。これは、待降節を過ごす時のわたしたちのとまどいをよく見抜いているのではないでしょうか。

　わたしたちは何を「待つ」のか。アドヴェント（到来）とはどなたの「到来」なのか。待降節の祈りを献げ続けることを通して、そのことが明らかになってくることを願っています。

　『十字架への道』に引き続き、本書の出版にあたっても、出版局の土肥研一さんに大きな助けをいただきました。深く御礼申し上げます。

2019 年　洗礼者ヨハネ殉教の日

小泉 健

小泉　健　こいずみ・けん

1967年、長崎県生まれ。1990年、大阪大学文学部卒業。1997年、東京神学大学大学院修士課程修了。2007年、ハイデルベルク大学より神学博士号取得。日本基督教団五反田教会副牧師、センター北教会牧師を経て、現在、東京神学大学教授（実践神学）、成瀬が丘教会牧師。

〈著書〉『十字架への道　受難節の黙想と祈り』（日本キリスト教団出版局、2019年）、『説教による教会形成（説教塾ブックレット10）』（キリスト新聞社、2011年）

〈訳書〉クリスティアン・メラー『魂への配慮としての説教』（教文館、2014年）

主イエスは近い
クリスマスを迎える黙想と祈り

©　2019　小泉　健

2019年10月15日　初版発行

編著者　　小泉　健

発行　　日本キリスト教団出版局
　　　　〒169-0051
　　　　東京都新宿区西早稲田 2-3-18
　　　　電話・営業 03(3204)0422
　　　　　　　編集 03(3204)0424
　　　　http://bp-uccj.jp/

印刷・製本　三松堂

ISBN978-4-8184-1046-6　C1016　日キ販
Printed in Japan

日本キリスト教団出版局の本

十字架への道
受難節の黙想と祈り

小泉　健　編著

●四六判並製／120ページ／1200円＋税

「今年こそは、主のお苦しみに思いをよせる受難節を過ごしたい」。そう願いながらも日常の些事に追われてしまうあなたに、最適の書。受難節が始まる灰の水曜日から、復活祭まで、毎日読むことができる短い御言葉とショートメッセージ、そして祈りを掲載する。

主の前に静まる

片岡伸光　著

大嶋重徳／小泉　健　解説

●四六判並製／128ページ／1200円＋税

独り静まる中でこそ、人は神に出会い、自分に出会う。「主の御名を呼ぶ」「詩篇をゆっくり読む」「よく眠ること」など34の滋味豊かなエッセイによって、読者を主の前に静まることへと導く。幻の名著に、新たな解説を付して復刊。新改訳2017・新共同訳を並記する。